結ぶ・編む。
基本がひとめでわかる。

水引のきほん帖

はじめて水引をさわる人でもできるように、
基本的な結び方、テクニックをやさしくお教えします。
大事な基本的な結び方には、動画もつけました。
手作りの時間をお楽しみください。

高田雪洋

結ぶ・編む。基本がひとめでわかる。

水引のきほん帖

目次

※▶マークのついたものには、動画がついています。

Part 5 おしゃれに編む、結ぶ 55

Part 6 想いを折る、伝える 74

Color Variation

●トリビア File

はじめに

水引や、水引で結ぶ祝儀包みなどの折形は、むかしから日本に根づいた伝統の文化です。現代でも贈答品は白い和紙で包み、水引をかけ、熨斗(のし)をつけていますが、昭和初期までは、贈り物の包みや祝儀包みなどは、各家庭で手作りしていたそうです。ことに折形には伝えられてきた礼法の決まり事があり、白い和紙の種類によって定められた大きさのまま、様々な包みを作ります。自分の手でしつらえることで、贈り手の心遣いが伝えられていたのでしょう。

水引細工は、結ぶ、編む、そして組むの三原則で作り上げます。基本をまず身につけましょう。特に基本の結びは、写真や図解、動画も見てくり返し試してみてください。松竹梅や鶴亀など、古典的なモチーフの作品で、水引の扱い方に慣れ親しんでいただければ、アクセサリーやいろいろな作品が仕上げられるようになります。

水引、そして折形は、日本人の〝人を思いやる心〟から生まれ、人と人、心と心を結びつけてきました。そんな素晴らしい手仕事の文化を、多くの先達から学びました。そして、また皆様へお伝えできることをたいへんうれしく思っております。

高田雪洋（萌花の会）

水引の心得

その1

水引の長さはたっぷりと！

水引の基本的なサイズは90cmです。特に初心者のうちは、長めのほうが結びやすいので、余裕をもったサイズで表示しています。慣れてくれば、ご自分の作りやすい長さでどうぞ。

その2

しっかり押さえて！

特に、複数の水引を結ぶときは、水引が重ならないように、クロスさせたところを指でしっかり押さえましょう。形を整えるときも、クロスしたところを押さえ、内側の水引を根元から一筋一筋丁寧に引きましょう。

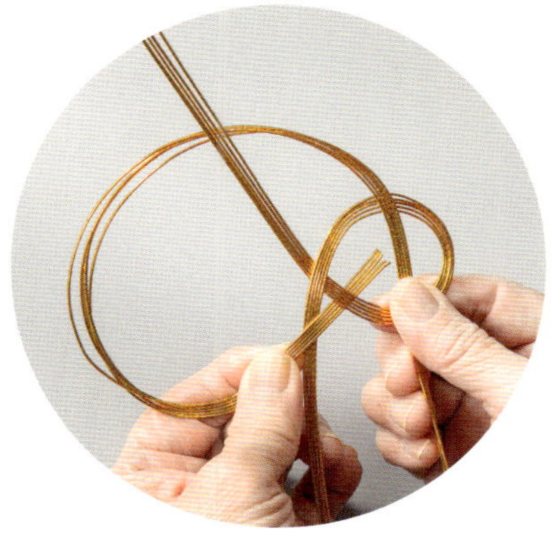

その3

一気に結びます！

水引は一度曲げるとクセがつくので、きれいにできません。丸みをもたせたいところだけ、その都度、軽くしごき、結ぶときは一気に。力の加減は、いつも同じくらいで結ぶと、きれいに仕上がります。

巻末の「水引のきほん相談室」（p.94）も参考に！

水引の素材と道具

◉水引

水引は各メーカーで名称は違いますが、大きく以下の４つに分類されます。それぞれ発色や質感、扱いやすさが違いますが、作品イメージに合わせて自由に選んでみてください。

◎色水引
和紙を紙縒り状（紙芯）にして、色を染めたもの。

◎花水引（絹巻水引）
色水引に絹などの飾り糸を巻いたもの。手ざわりが滑らかで、初心者にも扱いやすい。

◎あけぼの水引
紙芯に、細切りのフィルムと撚糸を巻いたもの。キラキラとしたラメのような光沢がある。

◎パテント水引
紙芯に蒸着フィルムを巻いたもの。フィルム独自のシャープな光沢がある。

◉道具

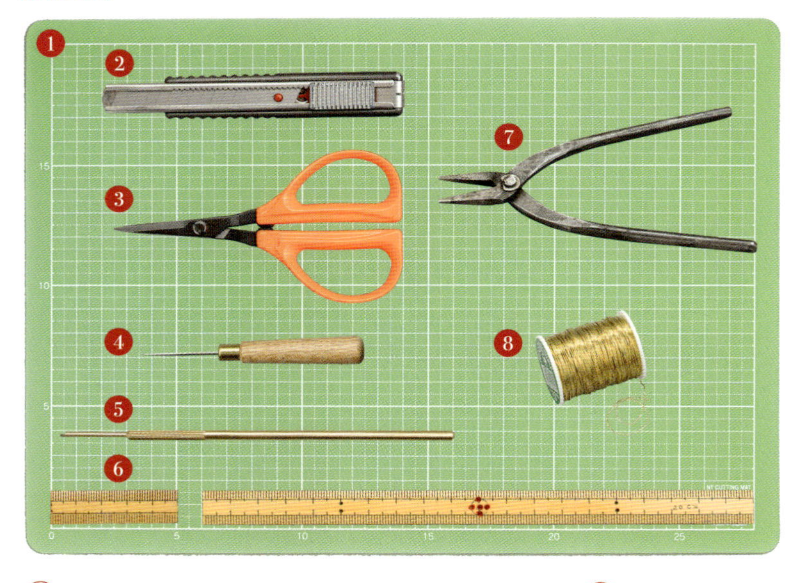

①**カッターマット**
折形の紙を切る。目盛り付きが便利。

②**カッターナイフ**
折形の紙を切る。

③**はさみ**
水引や折形の紙を切る。刃先の細いものが使いやすい。

④**目打ち**
水引をせまいところに通すときに便利。

⑤**ちり棒**
水引を丸めるのに便利。

⑥**ものさし（5cm／20cm）**
水引や紙を測る。5cmは先生の手作り。端から目盛りが始まっているものがおすすめ。

⑦**平ヤットコ**
ワイヤーを留めるときなどに便利。

⑧**ワイヤー（28番）**
水引を固定する。

⑨**瞬間接着剤**
アクセサリーの金具を留める。

⑩**ボンド**
水引を固定したり、水引の先のほつれ留めに使う。

⑪**フローラテープ**
水引やワイヤーをまとめる。

Part 1

基本の水引

基本の結びを覚えながら、
水引の扱いに慣れましょう。
作り方の写真と図解で
水引の重なり方を確かめて、
動画で結び方の流れがわかれば、
準備万端です。

あわび結び

水引の最初の一歩。
伝統の結び方で、
基本中の基本です。

作り方◎9ページ

梅結び

コロンとした
かわいいフォルムが特徴。
思わず作りたくなります。

作り方◎11ページ

松竹梅

おめでたい場所には欠かせない、
伝統の吉祥のシンボル。
水引でも人気のモチーフです。

松 —— 長寿を意味する
作り方◎19ページ

梅 —— 気高さを表す
作り方◎11ページ
しべの作り方◎23ページ

竹 —— 繁栄を象徴する
作り方◎20ページ

作り方◎16ページ

作り方◎14ページ

鶴と亀

鶴はナプキンリングの飾りに、
亀は箸置きとして、
お正月のお膳にいかがでしょう。

あわび結び

基本の結びの中でも、
最も重要な結びです。

【材料】
水引
赤／45㎝×3筋

結び方の動画は
こちらから！

【あわび結びの基本】

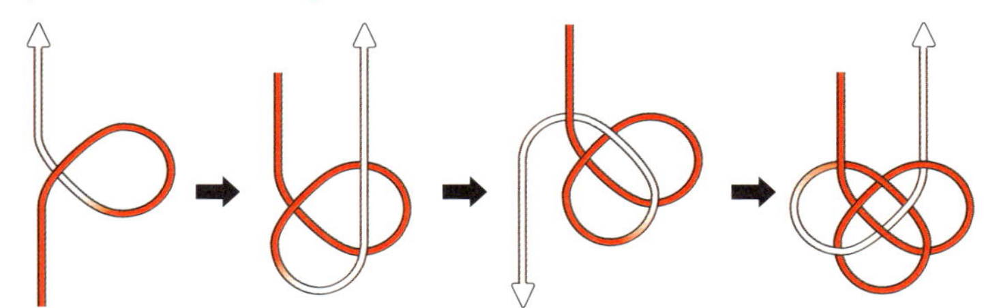

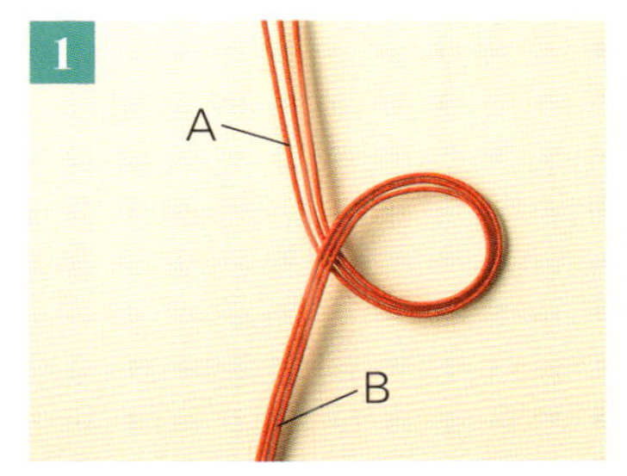

赤の水引3筋を使って、AをBの後ろにまわして輪を作る。

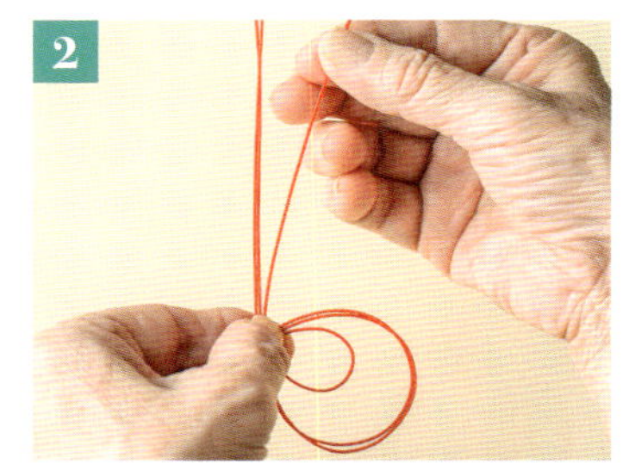

内側の水引の根元から1本ずつ順に引き、輪をそろえていく。

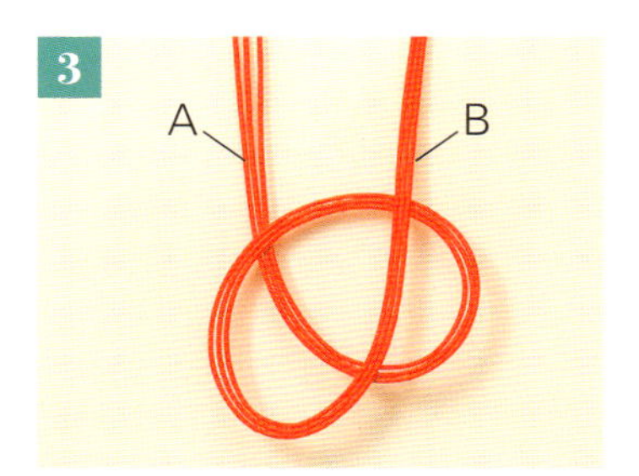

作った輪の上にBを置き、しっかりと押さえる。

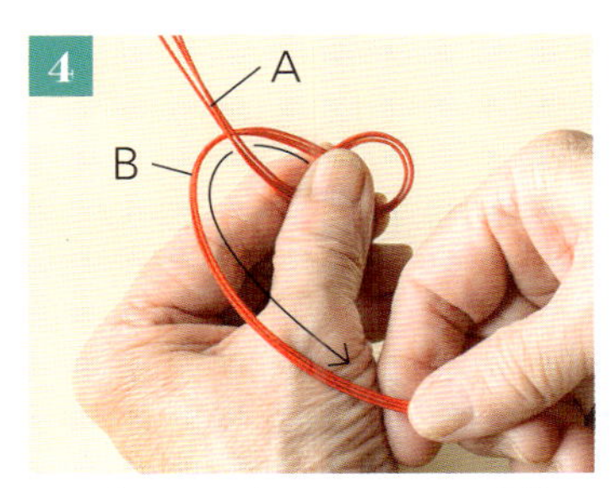

Aの後ろにBをまわして、手前に持ってくる。

Bの水引の先をそろえる。

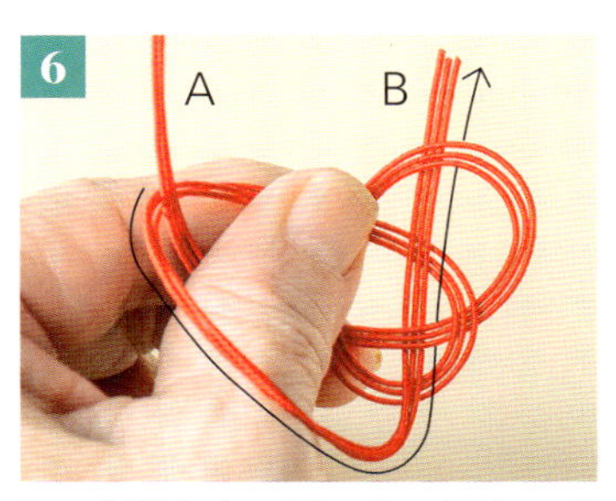

Bの水引を上→下→上→下と、縫うように通していく。

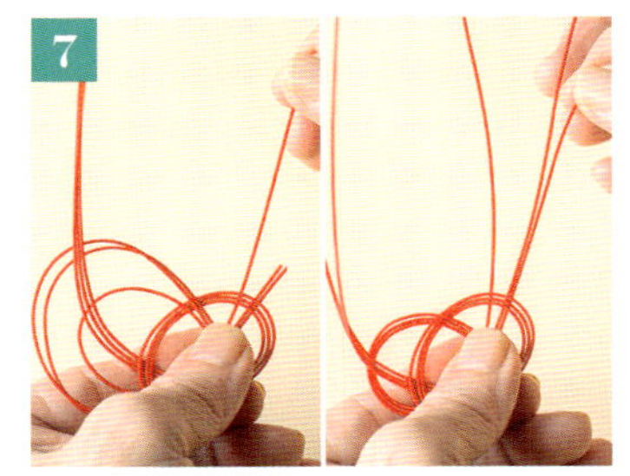

内側の水引から1本ずつ順に引いていき、輪をそろえる。

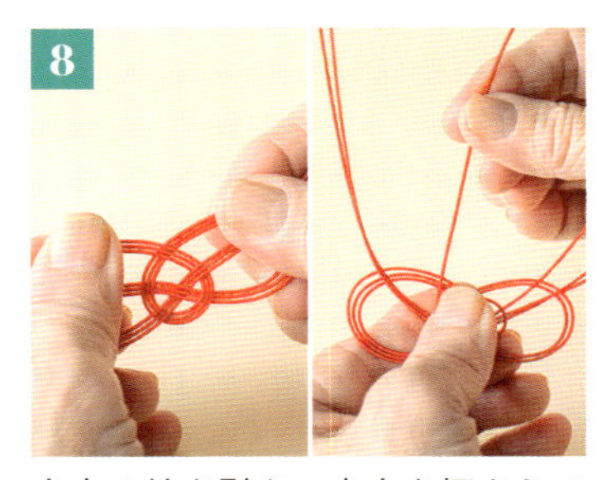

左右の輪を引き、中央を押さえて、輪を小さくそろえていく。

中央のクロス部分がタテにそろうように、形を整えて完成。

抜きあわび

この結びから
抜き梅や亀の子結びに
進みます。

【材料】
水引
赤／45cm×3筋

【抜きあわびの基本】

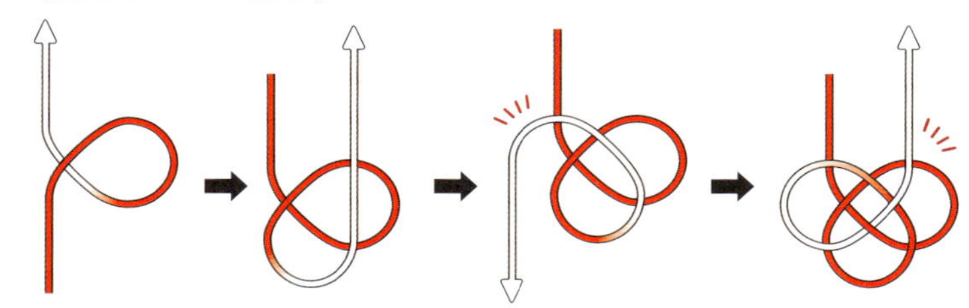

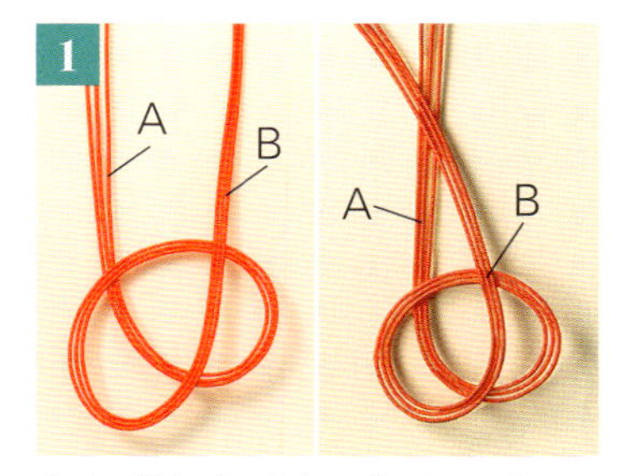

あわび結びの3まで作り、BをAの前に持ってくる。

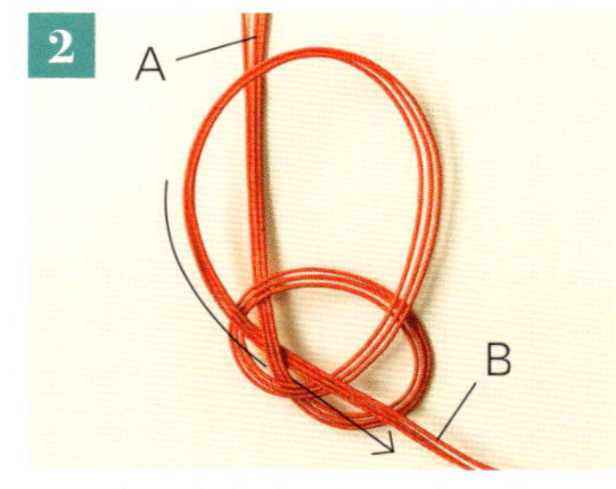

Bでそのまま上→下→上→上と、縫うように通す。

形を整える。

椿びな

【材料】
写真はミニ色紙（13.7×12.2cm）。
水引
白／30cm×10筋
赤／30cm×10筋
黄／60cm×2筋

2筋のあわび結びを5つ重ね合わせ、ひとえ結びのしべを入れた椿です。椿の白は男びな、赤は女びなでおひな様に見立てています。色紙や短冊などにボンドで貼って、飾ってみてください。

梅結び

【材料】

水引
赤／45㎝×3筋

ワイヤー
金／28番

結び方の動画は
こちらから！

【梅結びの基本】

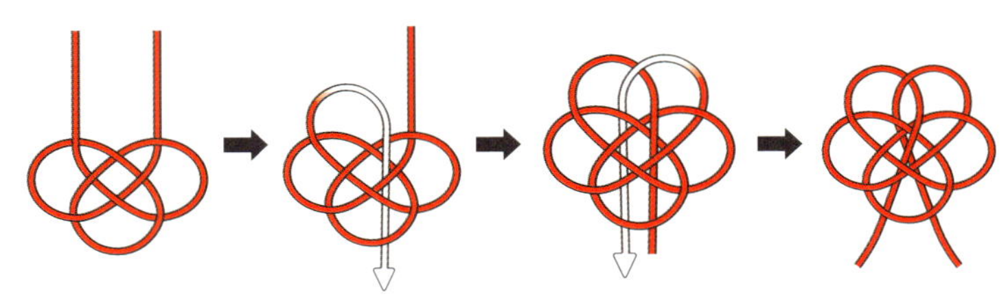

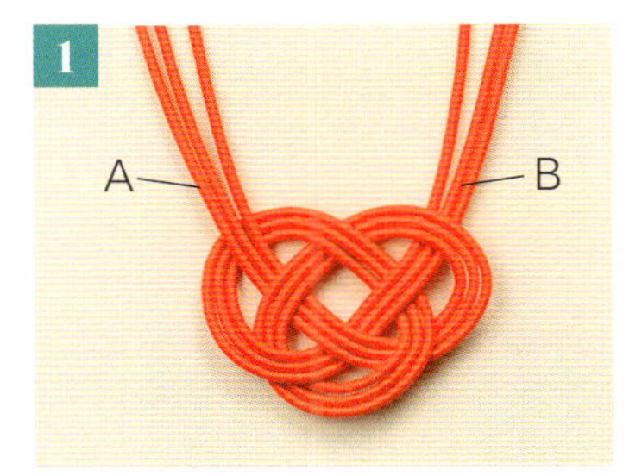

赤の水引3筋を使って、あわび結び（p.9）を作る。

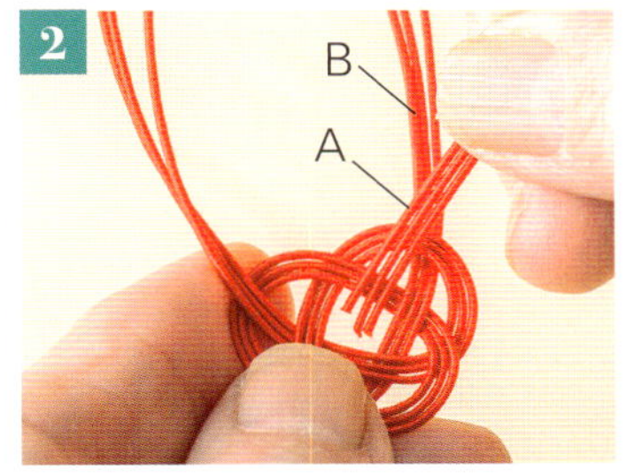

あわび結びの中心にAを入れる。

内側の水引から順に1本ずつ引いていく。

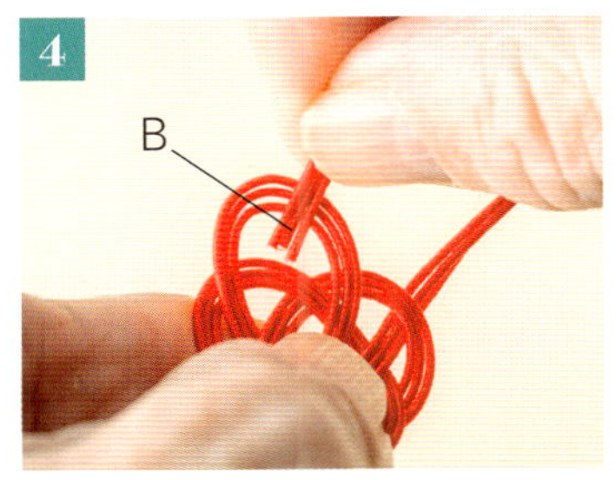

3でできた新しい輪の中に、Bを入れる。

3と同様に、内側の水引から順に1本ずつ引いて、輪の大きさをそろえる。

しっかりとクロスさせる。

表から見たところ。

クロスさせたところを、ワイヤーでまとめて留める（ワイヤーの留め方も動画を参考に）。

形を整えて完成。
残りの水引をワイヤーの下で切りそろえる。

抜き梅

アクセサリーにもぴったりの
美しいフォルムです。

【材料】
水引
赤／45㎝×３筋

結び方の動画は
こちらから！

【抜き梅の基本】

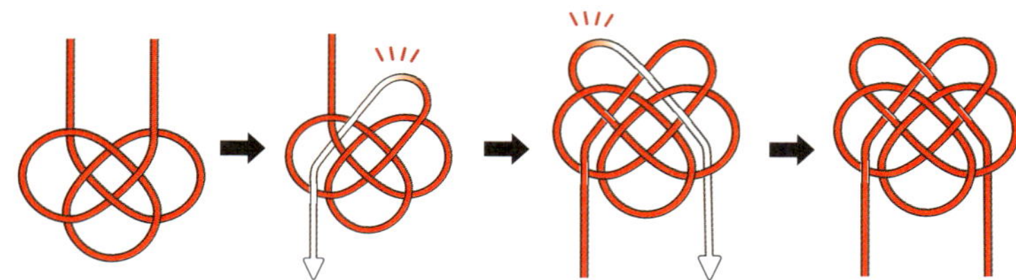

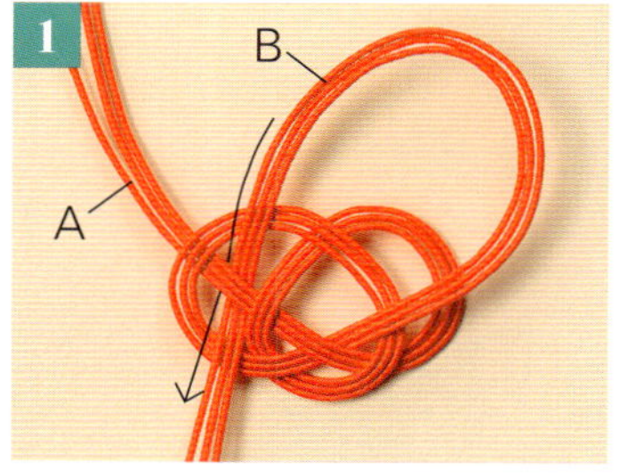

抜きあわび（p.10）をする。Bを上→下→上に通す。

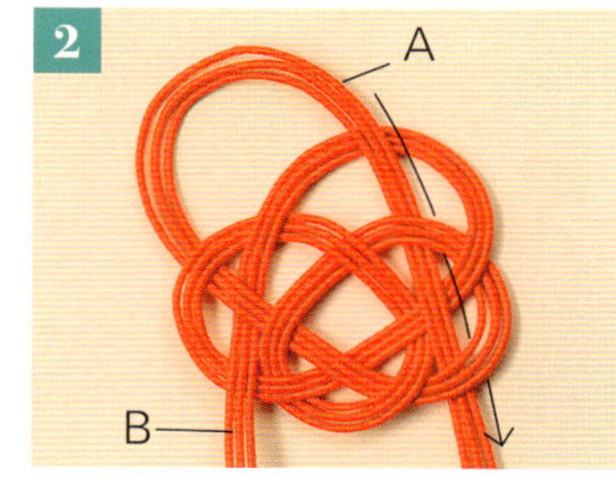

Aを上→下→上→下に通す。

形を整えて完成。

アレンジ File No.2

魔除けの五色飾り

【材料】
写真の台は巻わら。
つり下げ用水引は、金 15㎝。
水引（緑、赤、黄、白、紫／45㎝×５筋）
竹ひご（45㎝×１本）

古代中国の陰陽五行説の考え方が元になった、魔除けの飾りです。「陰・陽」と五行「木・火・土・金・水」から万物は成り立っており、五行を色で表すと「木＝青（緑）、火＝赤、土＝黄、金＝白、水＝黒（紫）」だとか。玄関などにつり下げて飾られても。

亀の子結び

亀の甲羅に似た、
めでたい吉祥の結びです。

【材料】
水引
赤／90㎝×3筋

結び方の動画は
こちらから！

【亀の子結びの基本】

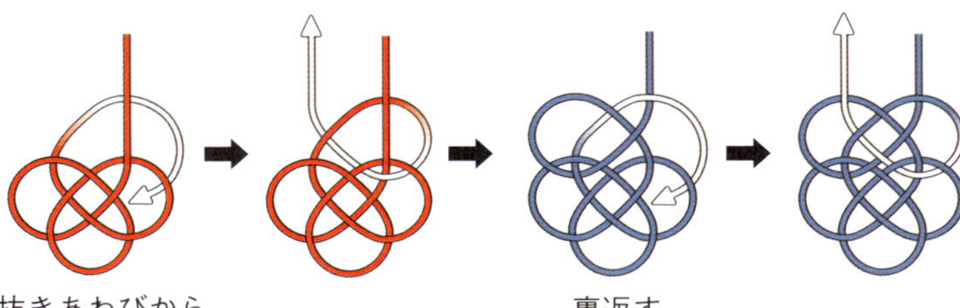

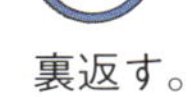

抜きあわびから
スタート。

裏返す。

1

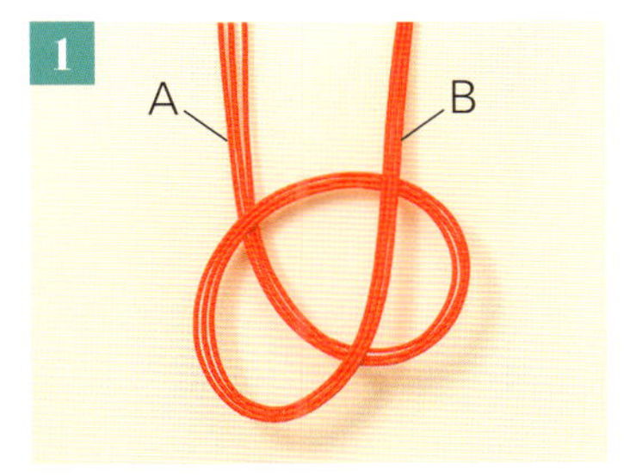

赤の水引3筋を使って、あわび結び（p.9）の3まで作る。

2

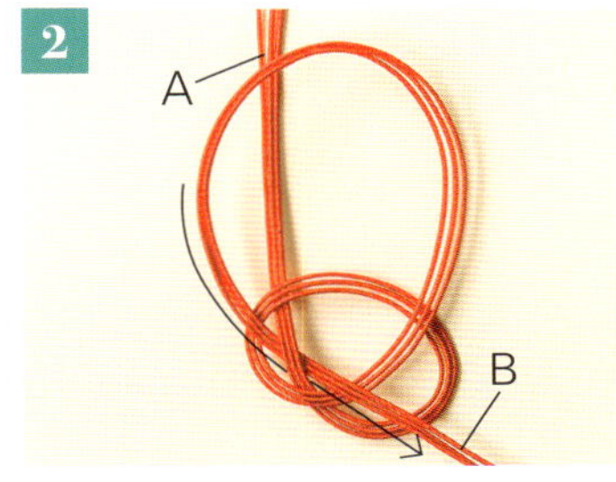

BをAの前に持ってきて、上→下→上→上と、縫うように通す。

3

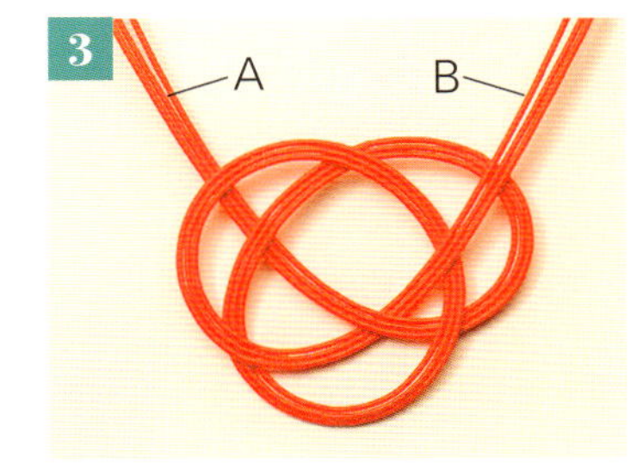

抜きあわび（p.10）になる。

4

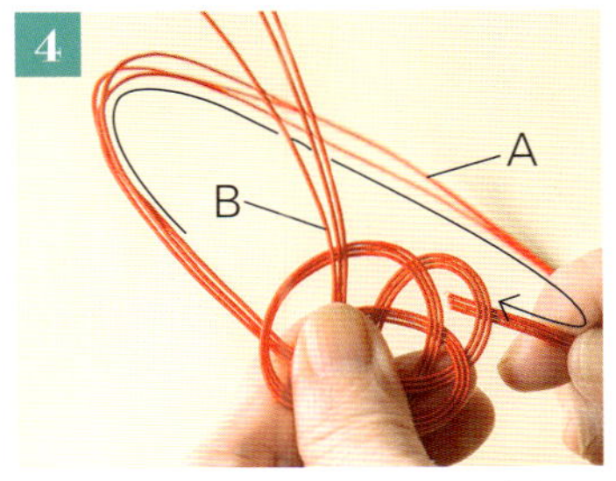

Bの後ろにAをまわして、手前に持ってくる。

5

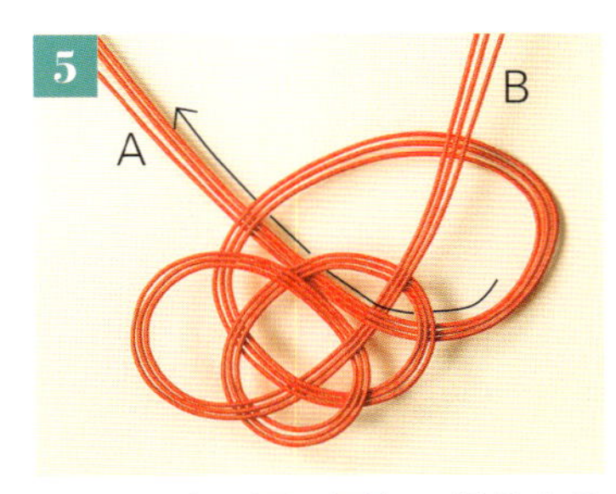

Aで下→上→下→下と、縫うように通す。

6

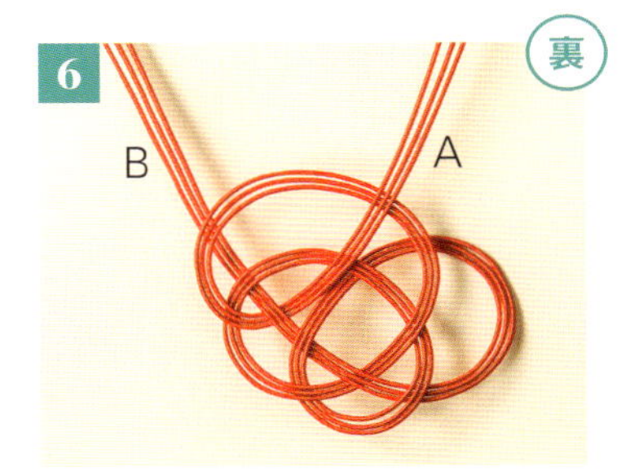

通し終わったら裏返す。

7

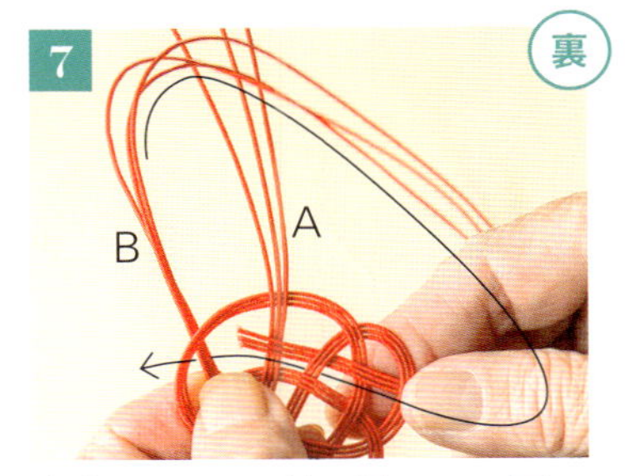

今度はBをAの前に通して、下→上→下→上→下→上と、縫うように通す。

8

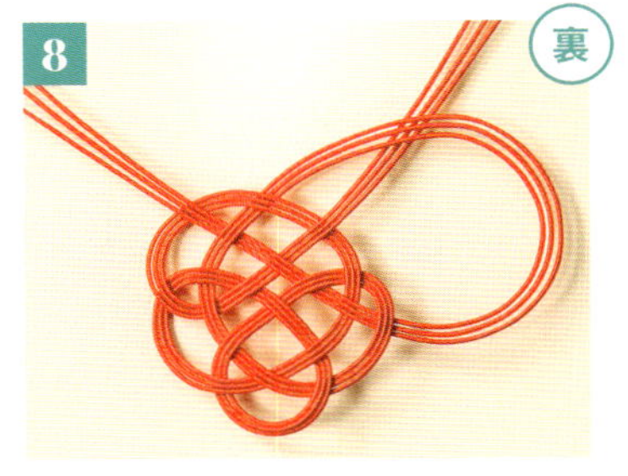

正しく通し終わったところ。

9

形を整えて完成。

亀

「万年を生きる」といわれる
めでたい亀を作りましょう。

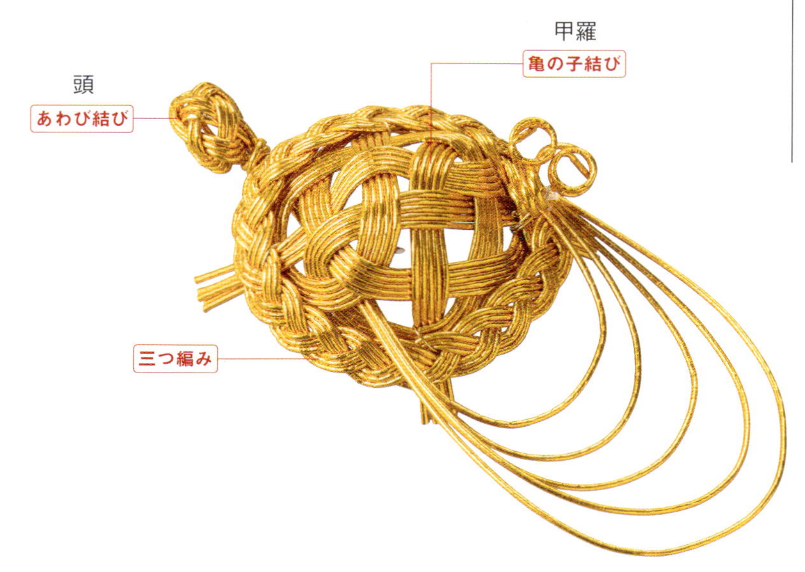

【材料】

水引

金／90㎝×11筋

ワイヤー

緑／20番／3㎝×1本

金／28番

←亀の尾部分は、藻を表したものです。藻が甲羅に生えたり尻尾のように見えたりする亀を蓑亀(みのがめ)といい、長寿を表す縁起のいいものです。

金の水引5筋で、亀の子結びを作る。その際、下の輪を大きく作っておく。

輪の真ん中を切る。

亀の子結びの裏側に指を入れて高くし、甲羅を作る。

約1.5㎝残して余った水引を切り、足を作る。

金の水引3筋で、あわび結び(p.9)を丸くして頭を作り、緑のワイヤーを添え、金のワイヤーで留める。

余りの水引6筋のうち、1筋で残りを約1㎝巻き、首を作る。

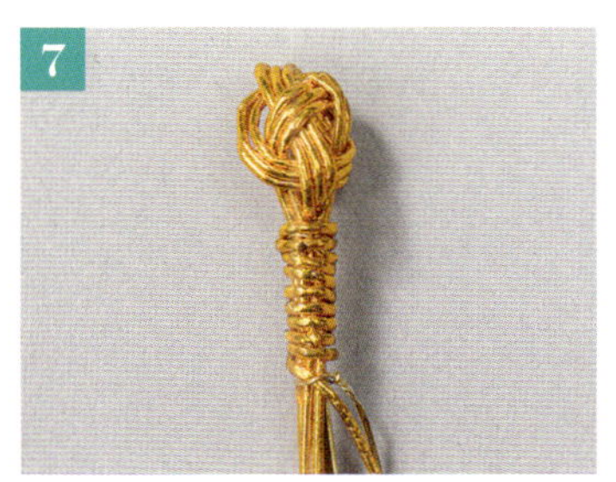

ワイヤーで留め、頭と首が完成。

甲羅に、頭と首をワイヤーで留める。

首の余りの水引を、●の位置から甲羅の上に出す。

金の水引3筋で、輪になるように約20㎝三つ編み（p.59）を作る。残りは切り、両端をワイヤーで留める。

三つ編みを甲羅の右下からまわし始め、他の足の部分もワイヤーで目立たないように留める。

三つ編みの終わりは、スタートの部分と重ねてワイヤーで留め、余分な水引は切る。

9で甲羅の上に出した水引５筋を、内側から等間隔にずらしながら、右下でワイヤーで留める。

13で余った水引５筋を、それぞれ、ちり棒を使って丸める。

足の長さなど、全体のバランスを見て、形を整えて完成。

アレンジ File No.3

ちび尻尾の亀

短い尻尾がチャームポイントの亀です。首に添えるワイヤーは、金20番6㎝。亀の作り方の７で、巻き終わりの部分が細くなるようにしながら、そのまま尾まで巻き進めます。最後に、裏で甲羅と尾をワイヤーで留めれば、尻尾のある亀に仕上がります。

鶴

舞い降りてくるのが鶴。
飾るときは頭を下向きに。

羽の作り方は
こちらから！

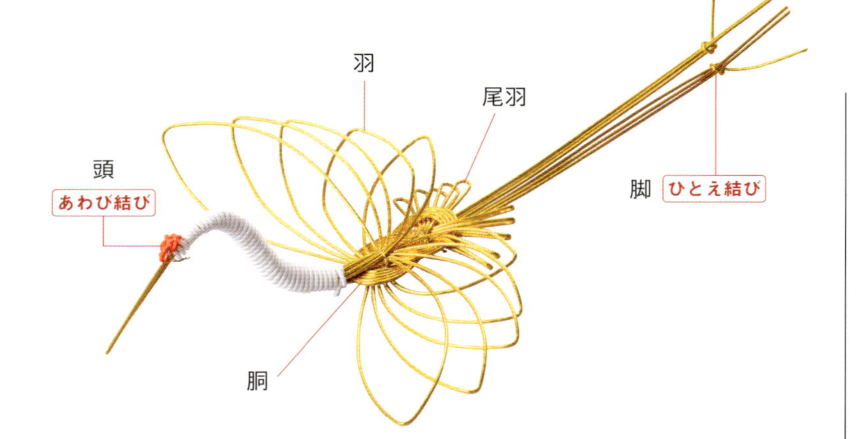

【材料】

水引
金／90cm×5筋
白／90cm×1筋
赤／15cm×1筋

ワイヤー
白／20番／5cm×1本
金／28番

フローラテープ
白

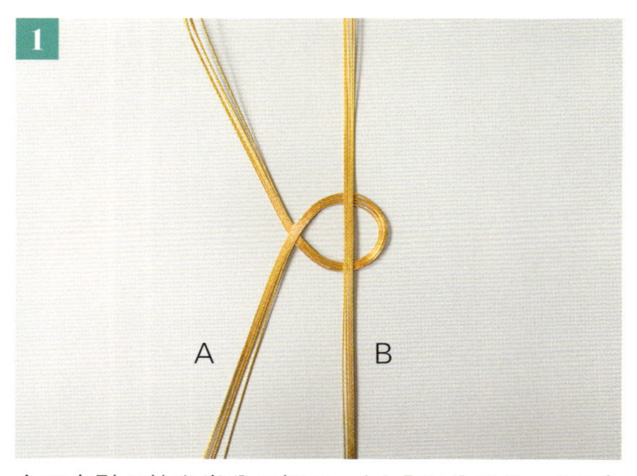

金の水引5筋を半分に切り、AとBに分ける。Aの中央で輪を作り、Bを輪にのせ、あわび結び（p.9）をしていく（切りあわび）。

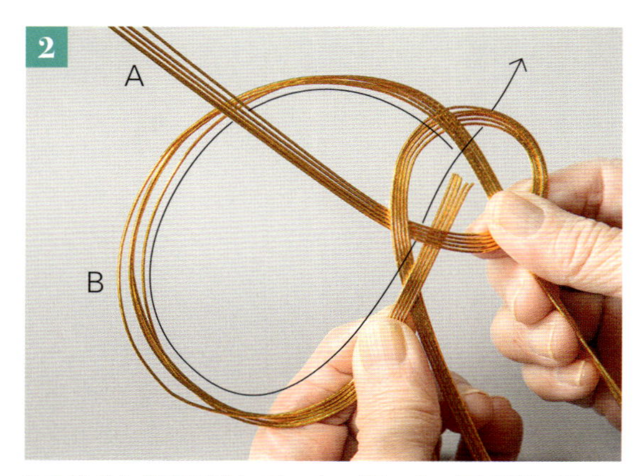

Bの先をAの下に通して、上→下→上→下の順に通す。

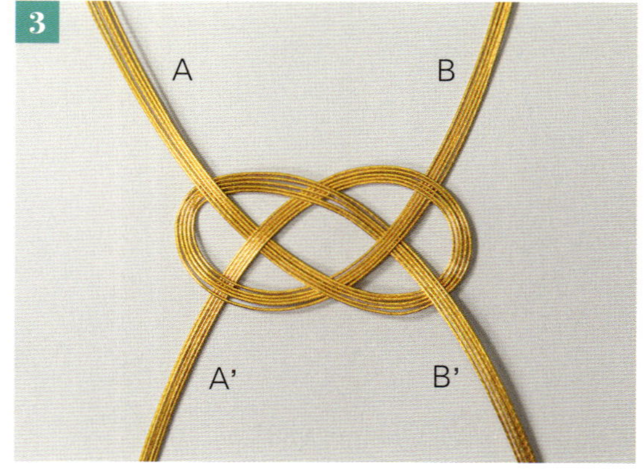

形を整えると、あわび結びの下が切れている、切りあわびが完成。

3の切りあわびをすき間なく締めて、タテ向きにする。

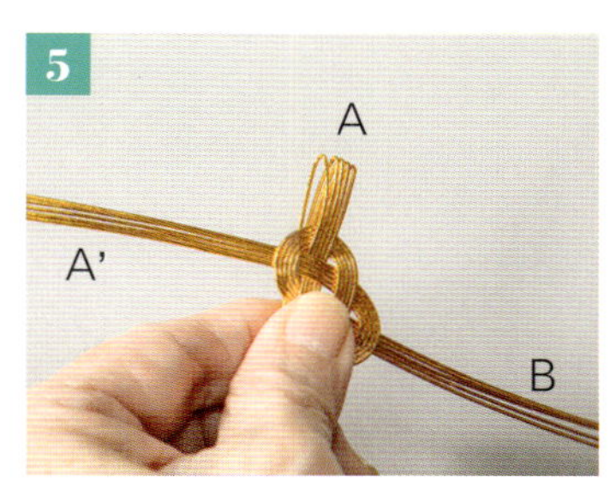

Aを2㎝のところで後ろに折り、尾羽を作る。

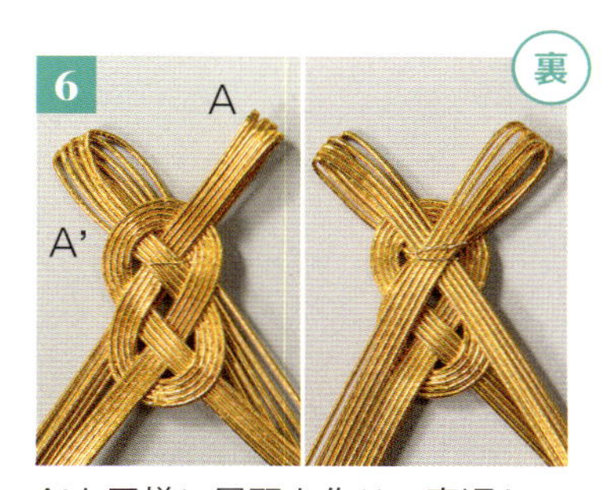

A'も同様に尾羽を作り、裏返してワイヤーで留める。

ワイヤーで留めた根元部分を目打ちで押さえ、内側の左右3筋ずつを上に折り返す。

ワイヤーで留める。

尾羽を広げる。

外側の2筋を包むように、内側の水引でひとえ結び（p.23）をして、左右の脚を作る。

左右の結び目の位置をそろえる。結び目を指で押さえて、ヤットコで締める。

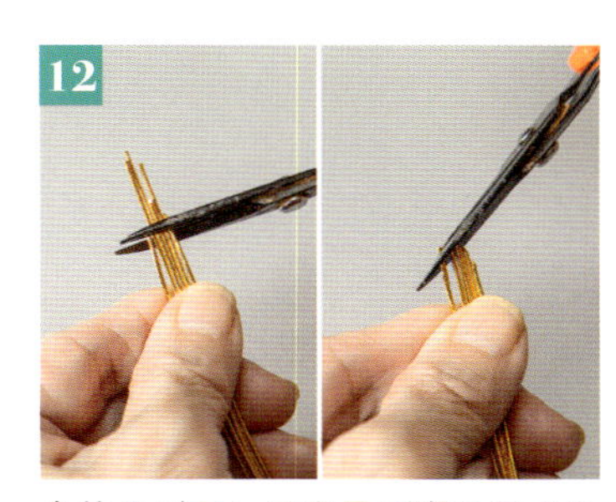

全体のバランスを見て脚の長さを決め、そろえて切る。さらに山型に切りそろえる。

脚と反対側で羽を作る。左側の水引を人差し指を上にして持つ。

ねじらないように輪を作りながら、体に沿わせる（動画参照／QRコードはp.16）。

左手で押さえ、内側の水引で指1本分の輪を作る。残りも5mm間隔で引いていき、ワイヤーで留める。

右の羽も同様に作り、中央でワイヤーで留める。

口ばしになる2筋を残し、首になる水引は4㎝で切り、先が細くなるようにナナメに切る。

白のワイヤーを首の先にそろえて添える。

白のフローラテープでしっかりと巻く。

首の半分くらいの位置に白の水引を置き、口ばしの根元のほうから、すき間なく巻いていく。

首の根元まで巻き、巻き終わりの部分を差し込んでボンドで留める。

首の形をヤットコでまっすぐに整える。

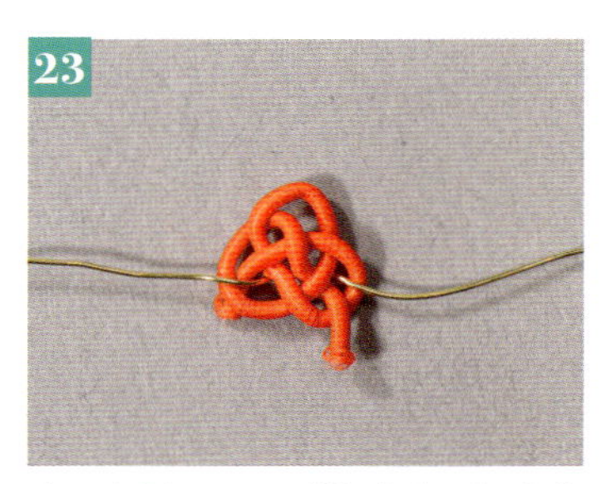

赤の水引であわび結び（p.9）を作り、ワイヤーを通す。

23のあわび結びを、通したワイヤーで首の先につける。

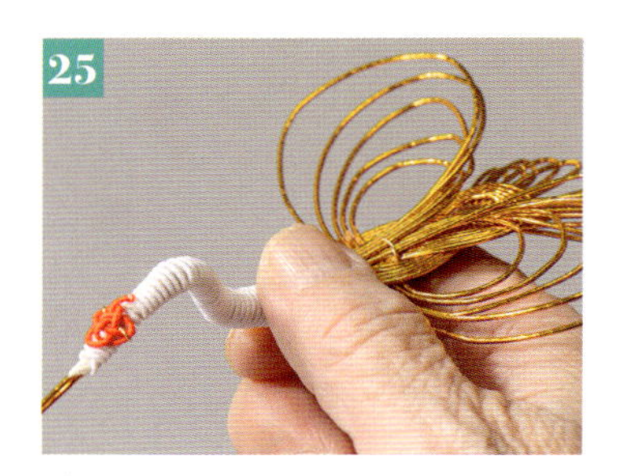

首の根元を右手の親指で押さえ、左手で曲げる。

口ばしを下が短くなるようにナナメに切る。

目打ちで羽の形を整える。

羽の先を指で押して広げて完成。

松

ワイヤーをゆるませないのがコツ。
動画をチェック！

松の作り方は
こちらから！

【材料】

水引
緑／7cm×９筋
金／10cm×１筋

ワイヤー
緑／28番／１本

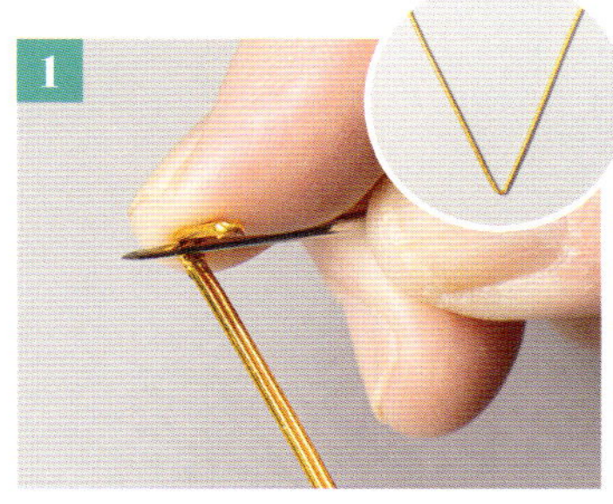

金の水引１筋を、目打ちを使って半分に折る。さらに、折ったところを7～8mmの位置で折る。

折ったところに、緑のワイヤーを半分に折り、かける。ワイヤーを１回ねじる。

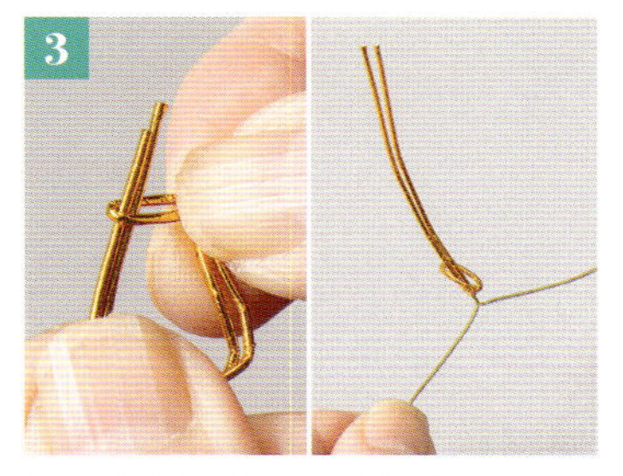

折ったところにできた輪の中に、水引の反対側を入れる。ワイヤーを1回ねじり、広げて留める。

根元から3cmで、水引の先をナナメに切り、芽が完成。

7cmに切りそろえた緑の水引9筋を、ワイヤーの間にはさむ。ワイヤーをピンと張る。

ワイヤーがゆるまないように、芽をねじっていく（動画参照）。

手を使って、松の葉を上向きにして完成。

アレンジ File No.4

松の箸置き

松を2つ作り、少しずらしてまとめます。赤いペップを添えて、茶のフローラテープを巻くと、お正月にぴったりの箸置きのできあがりです。配膳するときは松の葉先が左に向くように置きましょう。

竹

葉先の切りそろえ方が、
竹らしさのポイントです。

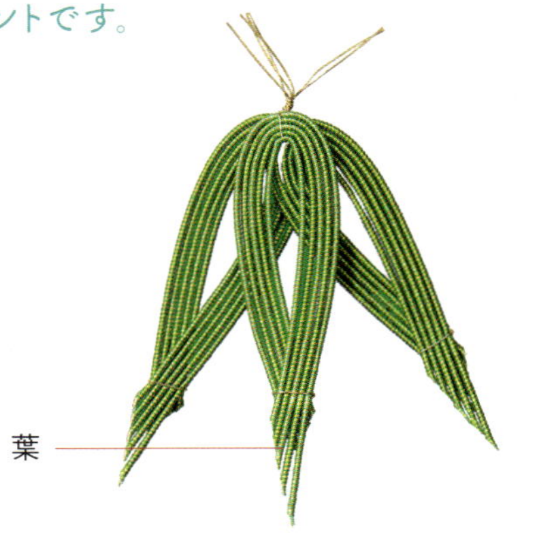

【材料】
水引
黄緑／ 90cm× 3 筋
ワイヤー
金／ 28 番

黄緑の水引15cm 5筋を切りそろえ、真ん中をワイヤーで留める。

水引の横でワイヤーを留め、ヤットコで押さえて、すき間のないようにする。

ワイヤーで留めたところを押さえて、左右同じように力を入れながら一気に曲げる。

右を上にしてクロスする。クロスしたところをワイヤーで留める。余ったワイヤーは裏側で短く切る。

下の5筋の水引を、上の水引に沿うようにナナメに切る。

切り終わったところ。

裏にして、5で切った長さよりも、1cmほど長くしてナナメに切る。

葉先がバラバラにならないようにボンドで留めて、1枚の葉が完成。これを3枚作る。

真ん中の葉が上になるように重ね、6本のワイヤーをまとめてねじり、完成。

竹結び

形が優美な、
伝統的な和のデザインです。

【材料】
水引
赤／45㎝×1筋

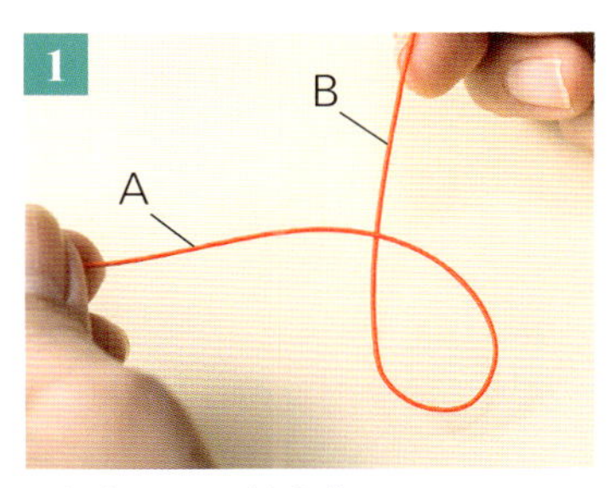

Aを上にして輪を作る。

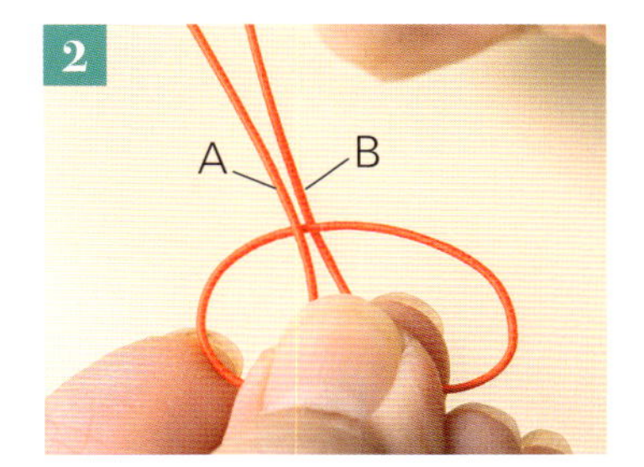

1で作った輪の左ヨコに、Aを使って、もう1つ輪を作る。Aを上にする。

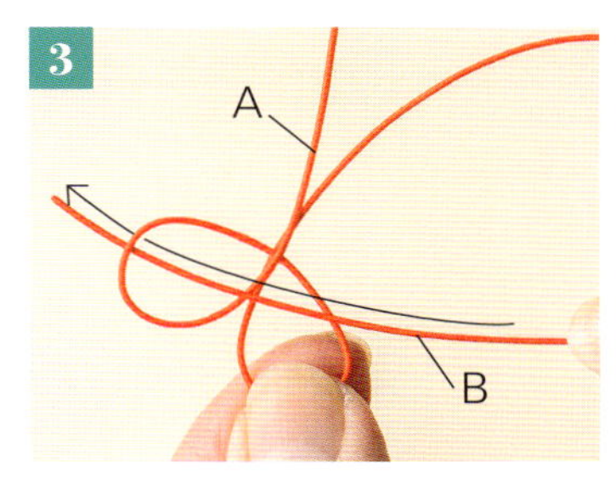

左の輪の上からBを入れながら、今度は右ヨコに輪を作る。

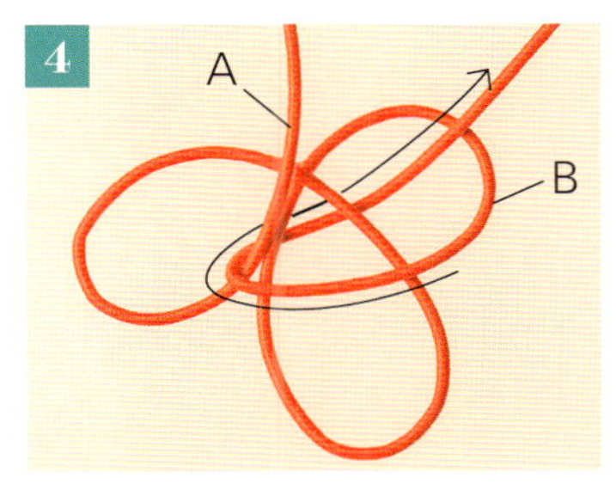

左右の輪の大きさをそろえたら、Bを折り返して3で作った右の輪の後ろから出す。

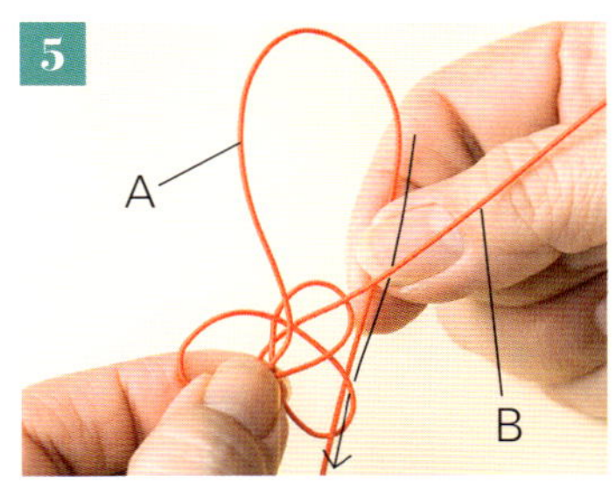

Aを後ろから下の輪に入れる。

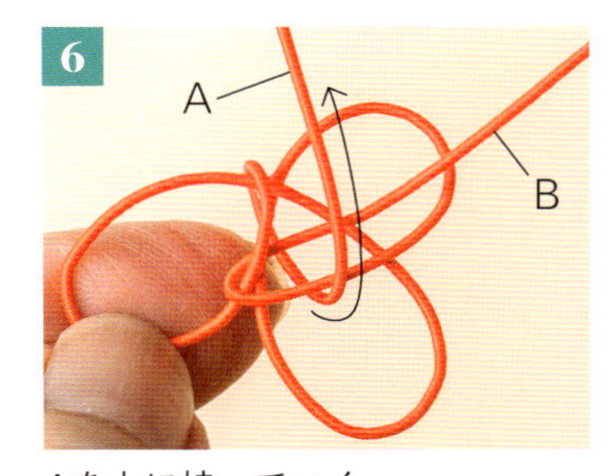

Aを上に持っていく。

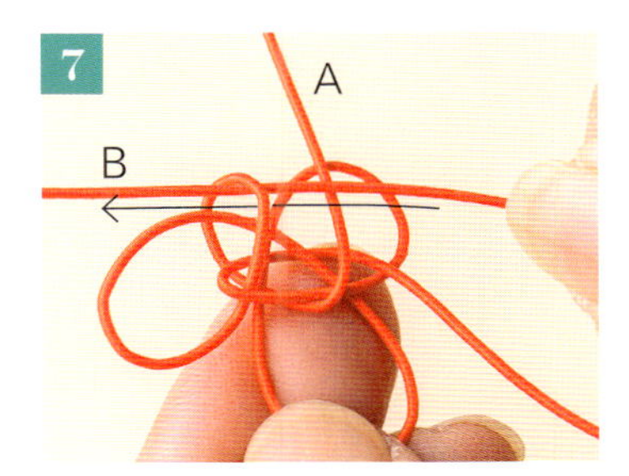

Aの上を通して、6でできた輪の中にBを通す。

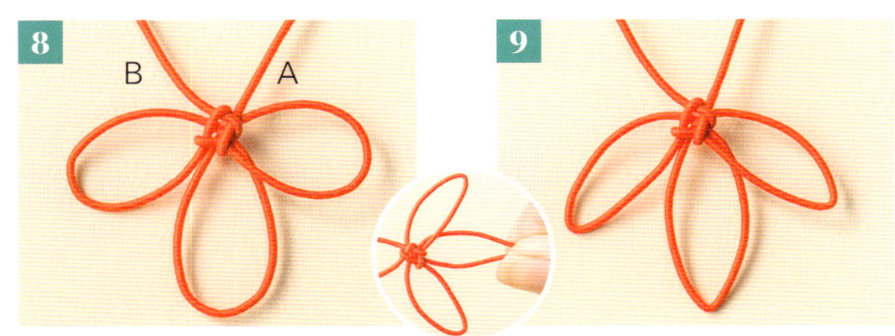

輪の形を整え、A、Bともに締める。左右の輪はナナメ下に、中央の輪は真下に向けて先をとがらせる。

形を整えて完成。

蝶結び

伝統的な結び方を工夫して、
この形が生まれました。

【材料】
水引
赤／45cm×1筋

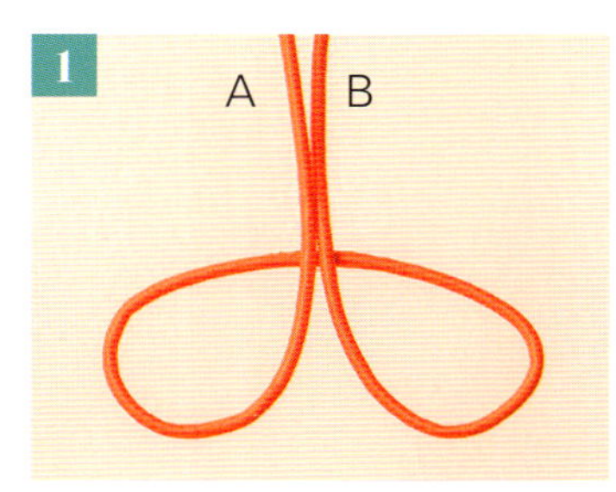

水引の中央で2つの輪を作る。

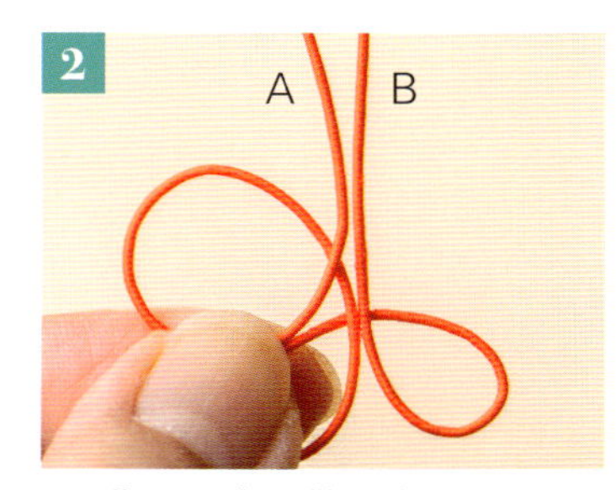

1で作った左の輪の上に、Aでもう1つ輪を作り、左手で押さえておく。

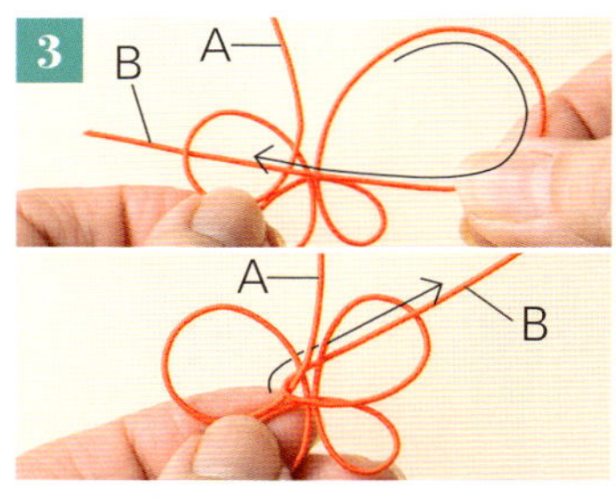

2と同様に、右の輪の上にBで輪を作り、そのまま左上の輪の中に入れて右上の輪の後ろから出す。

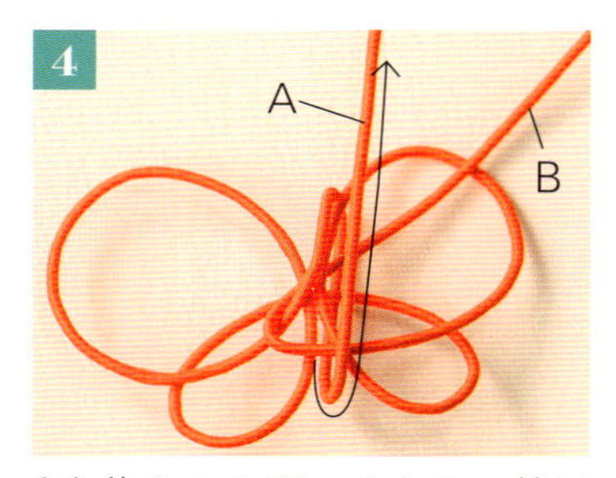

Aを後ろから下へまわし、前に持ってきて、上に持ち上げる。

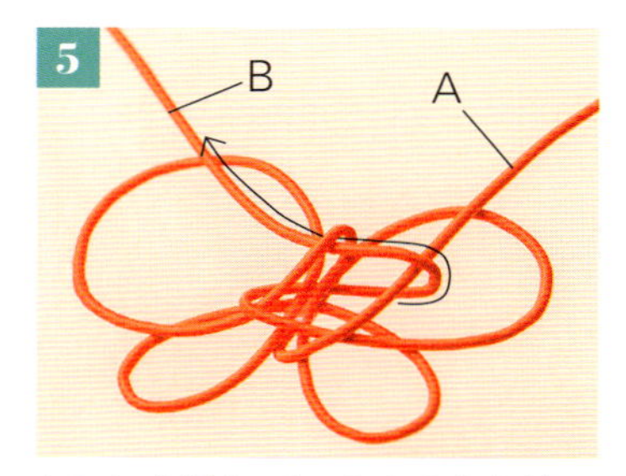

Aの上を通して、4でできた輪の中にBを通す。左右の輪の大きさをそろえてA、Bともに締める。

輪の形を整えて完成。

アレンジ File No.5

竹結びの祝儀袋

市販されている白い封筒に、縁起のいい竹結びをボンドで貼り付ければ、オリジナルのご祝儀袋のできあがりです。

略式の袋なので、お礼やちょっとしたお祝い事にお使いください。

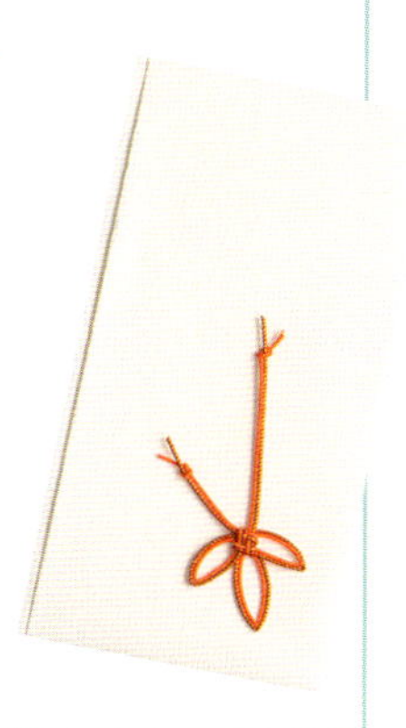

アレンジ File No.6

蝶結びのアクセサリー

蝶結びは、春らしいネックレスやピアスにぴったりです。お好きな色の水引2筋で作ってみましょう。色違いの水引を選んで作ってみても、かわいいですよ。

※アクセサリーの作り方は、p.55へ。

ひとえ結び

花のしべによく使われる結びです。

【材料】
水引
赤／30㎝×１筋

輪を小さく結ぶ。

上の余った水引を、結び目に沿ってナナメに切る。

切った先にボンドをつけて、完成。

結び切り

祝儀包みの水引も、この結び方が基本です。

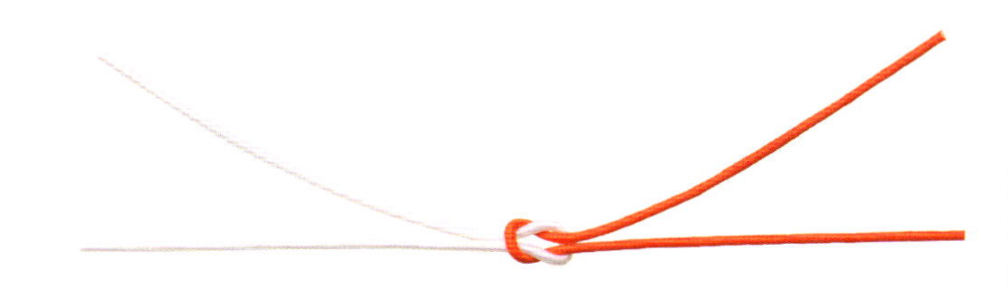

【材料】
水引
赤／30㎝×１筋
白／30㎝×１筋

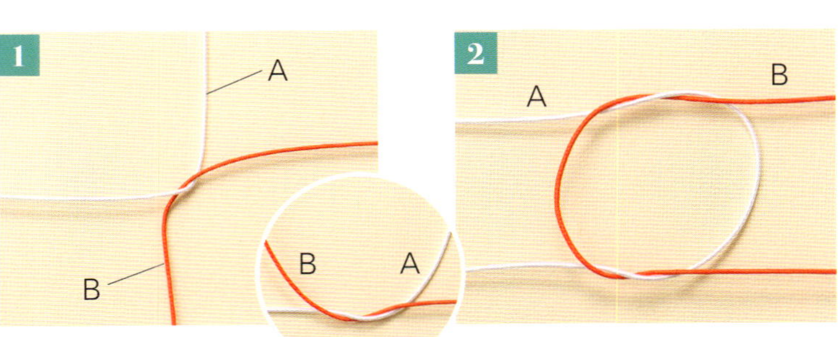

赤と白の水引をクロスさせて、Bを上に上げる。

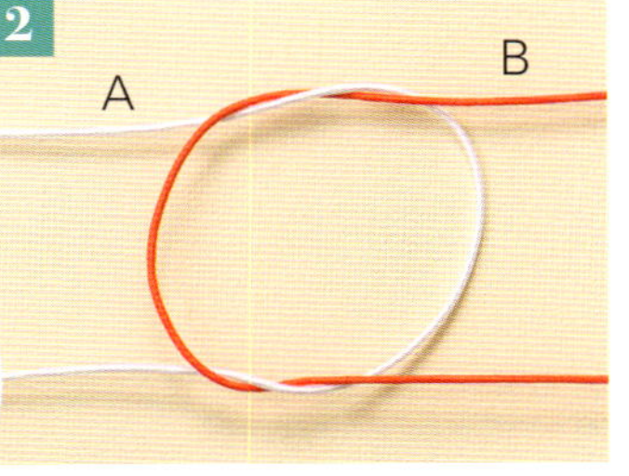

Aを左に持っていく。BをAの上を通して、中央にできた輪に通し、上のような形にして締めていく。

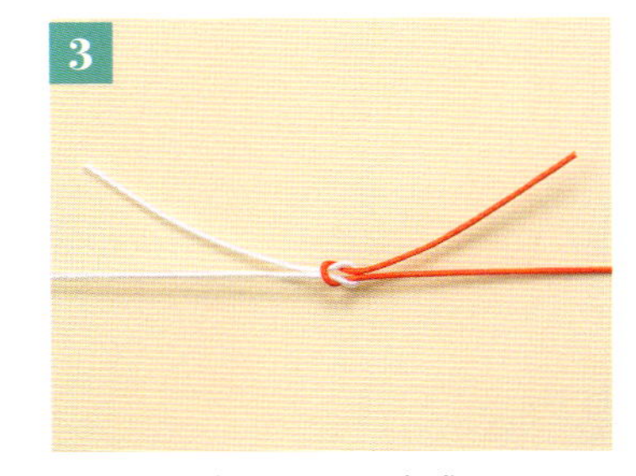

水引を上向きにして完成。

基本のテクニック

水引おびの作り方

水引を面で使いたいときに覚えておくと便利です。

【材料】
水引
緑／30㎝×6筋

セロハンテープにすき間なく、水引をそろえて貼る。

水引の上にボンドをつけ、乾いたらセロハンテープからはずす。

完成。水仙などの葉を作る場合は、外側になる水引を半分に折り、中央の水引の先をナナメに切ると、きれいに仕上がります。

ちり棒の使い方

亀や花で使います。水引をきれいに巻くことができます。

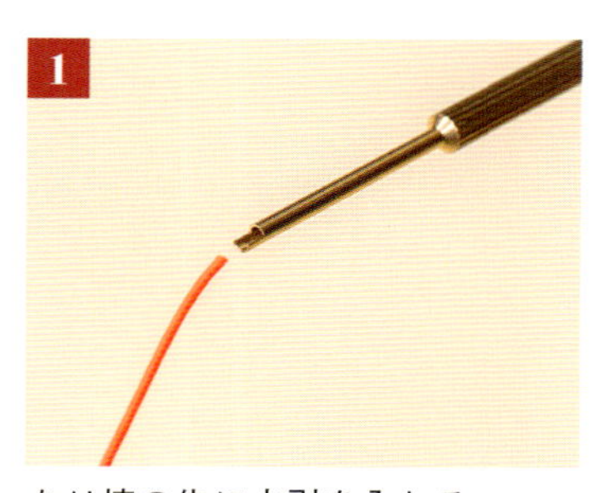

ちり棒の先に水引を入れる。

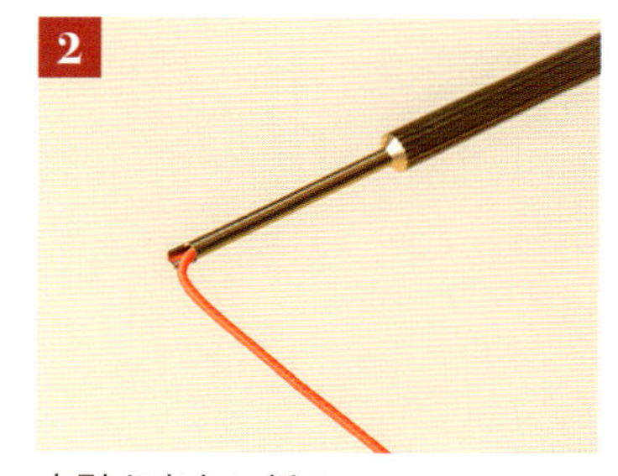

水引を直角に折る。

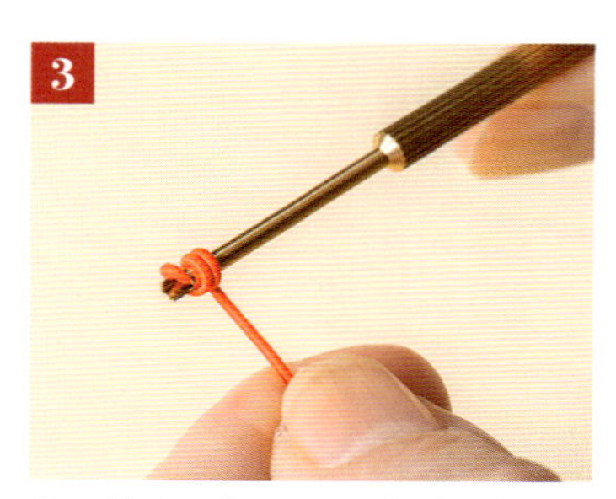

ちり棒を回転させて水引を巻く。

水引をひっぱりながら、ゆるまないように巻いていく。

巻き終わりのところを押さえて、ちり棒を抜く。

完成。

Part 2

暮らしを花で彩る

お花は、基本の結びを
変化させるだけで作れます。
小さな籠（かご）、花びんや
グラスに飾っても。

水仙、梅、桃、あやめ、菊。
四季折々の５種類のお花を
ミニ盆栽鉢に生けてみました。

作り方◎桃…28ページ、**あやめ…30**ページ、**水仙…31**ページ、**菊…29**ページ、**梅…27**ページ
※鉢などに飾るときは、枝と茎に20番のワイヤーを差し込み、粘土に差して固定する。

梅

白の水引で白梅を
作れば、紅梅白梅に
なります。

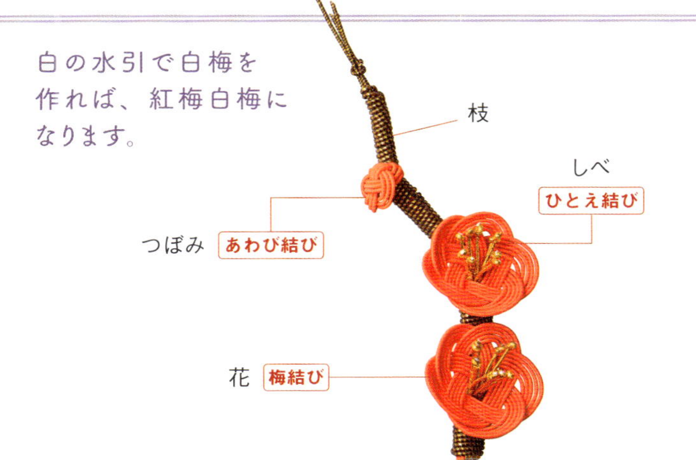

【材料】

水引

赤／ 90cm× 6 筋
金／ 90cm× 2 筋
茶／ 90cm× 4 筋

ワイヤー

緑／ 20 番／ 12cm× 1 本
金／ 28 番

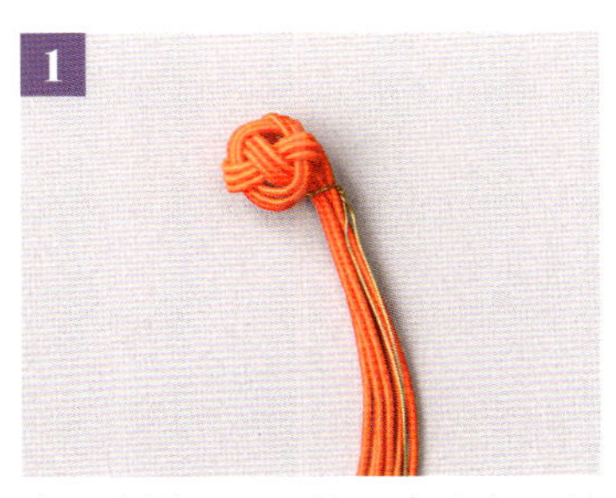

赤の水引30cm 3筋で丸みをつけながら、あわび結び（p.9）をし、つぼみを作る。ワイヤーで留める。

赤の水引45cm 5筋で梅結び（p.11）を、金の水引10cm 1筋でひとえ結び（p.23）を9本、これを2組作る。

梅結びの中心に、ひとえ結び9本を入れ、ワイヤーで留める。枝を巻くため、水引はナナメに切る。

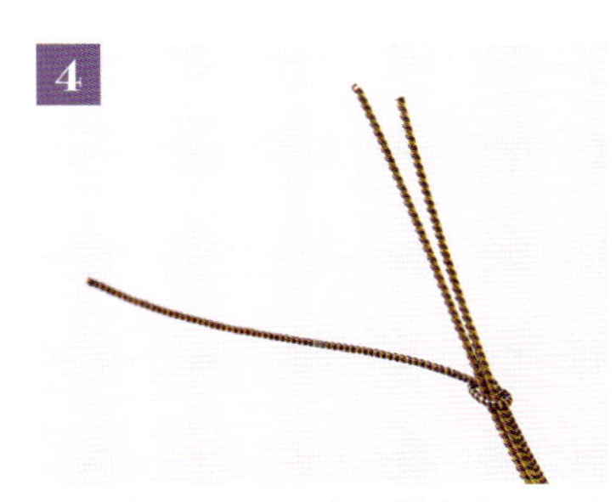

茶の水引15cm 3筋で枝を作る。2筋を包むように、1筋でひとえ結びをして、1つにまとめる。

結び目から5mm下に緑のワイヤーと、茶の水引90cm 1筋を下向きに添える。

5で添えた茶の水引で、緑のワイヤーの端から2cmほど枝全体を巻く。

1で作ったつぼみを添えて、根元から巻いていく。すき間を空けないように、しっかりと巻き始める。

枝は下が太くなるようにする。太さが足りないときは、余った短い水引を1、2本添えて巻く。

3cmほど巻いたら、一度ワイヤーで留め、花を添えて新しい茶の水引で巻く。

約2.5cm巻き、2つ目の花を入れる。約1.5cm巻き、最後の輪に差し込み、余りの水引を切る。

差し込んだところを、ボンドで留める。

枝先をナナメに切り、先にボンドをつける。バランスよく枝を曲げ、形を整えて完成。

桃

梅と色違いで、
花びらの形を変えます。

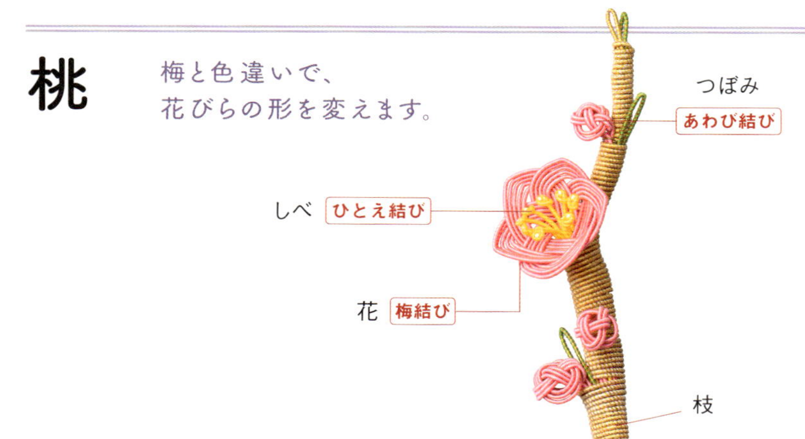

【材料】

水引

ピンク／ 90cm× 5 筋
黄／ 90cm× 1 筋
薄茶／ 90cm× 3 筋
緑／ 30cm× 1 筋

ワイヤー

白／ 20 番／ 12cm× 1 本
金／ 28 番

ピンクの水引30cm 3筋を1つ、2筋を2つ、あわび結びをして、つぼみを3つ作る。ワイヤーで留める。

ピンクの水引45cm 5筋で、梅結びをして、花を作る。

花びらの先を指でとがらせる。黄の水引10cm 1筋でひとえ結びを9本作る。

梅結びの中心に、ひとえ結び9本を入れ、ワイヤーで留める。枝を巻くため、水引はナナメに切る。

緑と薄茶の水引1筋を2つ折りで約6cmにし、白のワイヤーを添え、新しい薄茶の水引で巻く。

つぼみと花、緑の水引4cm 1筋を2つ折りにした葉を入れながら巻き、梅と同様に仕上げて完成。

菊

花びらをすき間なく
つなぐのがポイントです。

【材料】

水引

黄／90cm×1筋
黄土色／30cm×1筋
緑／90cm×4筋

ワイヤー

白／28番／2本
緑／20番／12cm×1本
金／28番

黄の水引3.5cm 1筋を13個、3cm 1筋を11個作り、半分に折る。

白のワイヤーを半分に折り、黄のマジックで塗る。1で作った3cmの水引を連続でつないでいく。

11個分つないで、はずれないように、ワイヤーの上にボンドをつけて固定する。

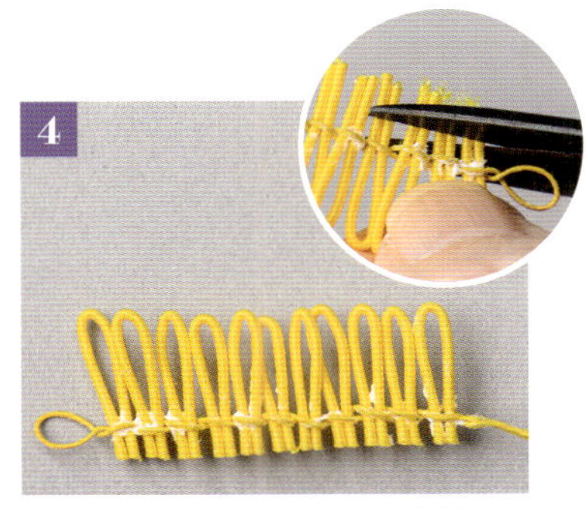

ワイヤーの下に出ている水引を3mmくらいにそろえて切る。

4を輪にして、両端のワイヤーで留め、花びらが完成。

3.5cmの水引のほうも同様に作る(右)。右の花の上に、左の花を重ねる。

黄土色の水引30cm 1筋で梅結び(p.11)をして、しべの部分を作る。裏側を長めのワイヤーで留める。

重ねた6の花の中心に7のワイヤーを通す。裏側をボンドで留める。

緑の水引90cm 1筋の端で梅結びをしてがくを、45cm 2筋の亀の子結び(p.13)をして葉を2枚作る。

がくと葉は、片方の水引を切る。もう一方は茎に添えるので残しておく。葉は丸みをつけておく。

がくをボンドで留め、緑のワイヤーを添え、がくの残りの水引で巻きながら、葉を入れて茎を作る。

2つ目の葉で緑の水引を継ぎ足し、約6cmの茎にする。巻き終わりを梅（p.27）と同様に仕上げて完成。

あやめ

茎も葉も、まっすぐにピンと作りましょう。

【材料】

水引
紫／90cm×3筋
黄／90cm×1筋
緑／90cm×3筋

ワイヤー
緑／20番／12cm×1本
金／28番

紫の水引30cm 3筋で細長くあわび結び（p.9）をし、丸みのある花びらを3つ作る。ワイヤーで留める。

黄の水引30cmを半分に折ったものを3つ作り、3cmの位置でワイヤーでまとめる。

花びらを3つ配置して、2を中心に入れ、根元をワイヤーで留める。花の余りは短くナナメに切る。

黄の水引に緑のワイヤーを添えて、緑の水引45cm 2筋で巻き、ワイヤーで留める。

緑の水引3筋を2つに折り、9.5cm、10cm、10.5cmの3種類の水引おび（p.24）を作って、葉にする。

3つの葉を茎に沿うようにワイヤーで留め、余分な水引を切る。2枚の葉をバランスよく折り曲げて完成。

水仙（すいせん）

花びらの数や色を変えると、
オリジナルの花に。

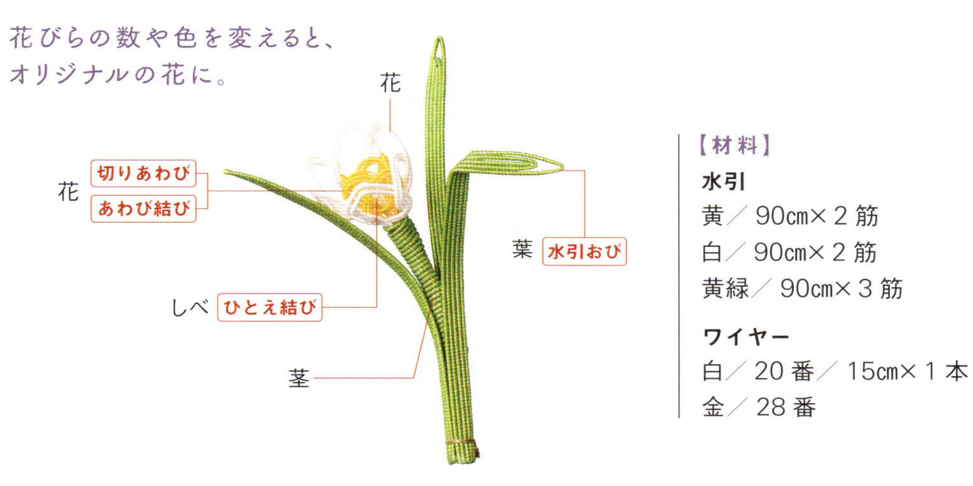

【材料】

水引
黄／90㎝×２筋
白／90㎝×２筋
黄緑／90㎝×３筋

ワイヤー
白／20番／15㎝×１本
金／28番

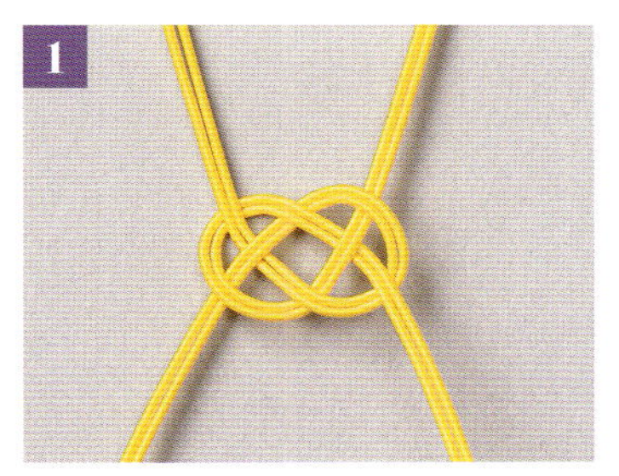

黄の水引2筋を半分に切り、中央で切りあわび（p.16参照）をする。

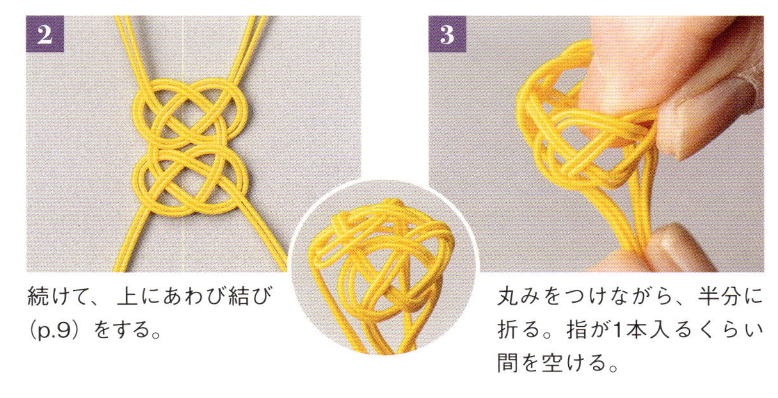

続けて、上にあわび結び（p.9）をする。

丸みをつけながら、半分に折る。指が1本入るくらい間を空ける。

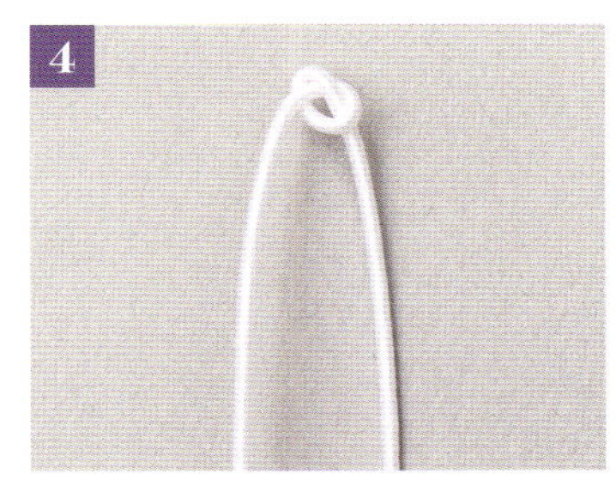

白の水引10㎝で、中央にひとえ結び（p.23）をして、結び目で折り曲げ、しべを作る。

3の中に4を入れて、ワイヤーで留める。余った水引は切らずに残しておく。

白の水引45㎝ 2筋で輪を作り、上のように片方の端をその輪に通して、2つ目の輪を作る。

6をくり返して、5つの輪を作る。

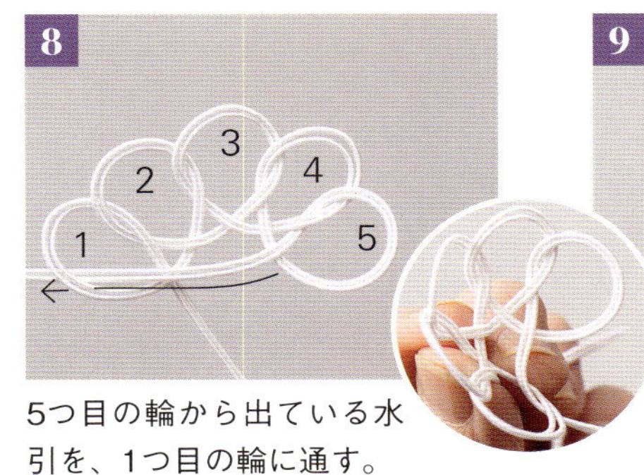

5つ目の輪から出ている水引を、1つ目の輪に通す。

9

5
4
3
2
1

少しずつ丸みをつけていき、8で通した水引を、5つ目の輪に通す。

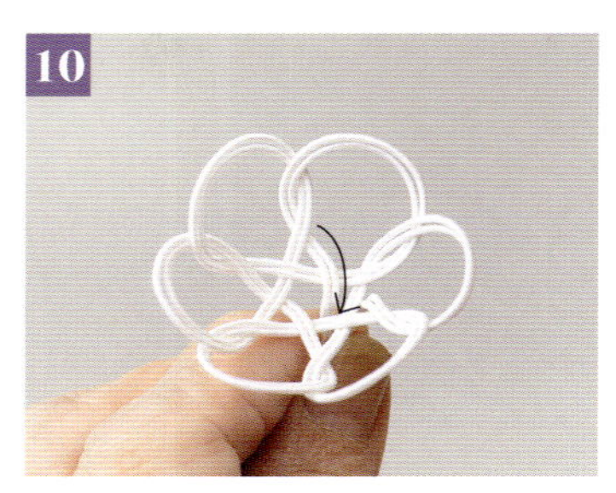

10

9で通した水引を、中央にできた輪に上から下に通して、6枚の花びらが完成。

11

花びらの中央に上から5を入れ、花びらの根元をワイヤーで留める。花びらの先をとがらせる。

12

余った白と黄の水引に、白のワイヤー 15cm 1本を添えて、黄緑の水引45cm 2筋で巻いていく。

13

約6.5cm巻いたら、ワイヤーで留める。余った水引は、留めたワイヤーの下で切る。

14

10cm、10.5cm、11cmの3種類の水引おび（p.24）を作って、水仙の葉にする。

15

葉で茎を囲み、ワイヤーで留め、余分な水引を切る。1枚の葉を曲げ、形を整えて完成。

アレンジ File No.7

花のブローチ

水仙をアレンジしました。90cm 1筋を使い切って花びらを作り、それを巻いて花にします。後ろ側に安全ピンを巻き込みながら、緑の水引で茎を作ります。茎は約2.5cmの長さにして、巻き終わりは梅（p.27）と同様に仕上げましょう。帽子のワンポイントや、ショール留めに使うのもおすすめ。

Part 3

いとしのいきものたち

かわいくて縁起のいい
いきものたちを創作しました。
飾るだけでなく、お財布に入れたり、
カードに貼ったり、アクセサリーにしたり、
自由に楽しんでください。

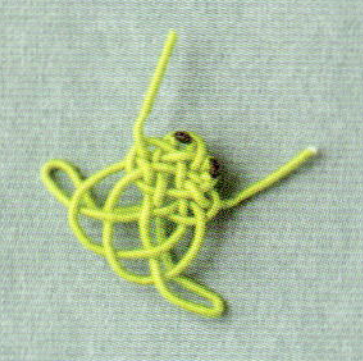

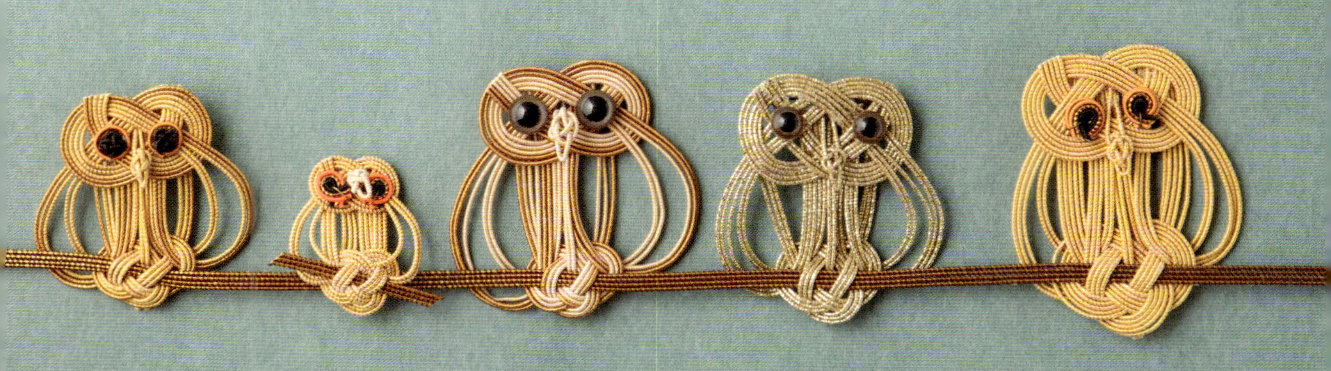

作り方◎金魚…40ページ

夏は金魚、秋は鈴虫……
季節を感じられる
いきものたちにほっこり

作り方◎
キリギリス…38ページ、鈴虫…39ページ

作り方◎かたつむり…37ページ

前ページ作品作り方◎
かえる…35ページ
ふくろう…41ページ

かえる

日本では「無事かえる」。
世界的にも縁起のいいいきもの。

【材料】

水引
緑／ 90cm×２筋

ワイヤー
金／ 28 番

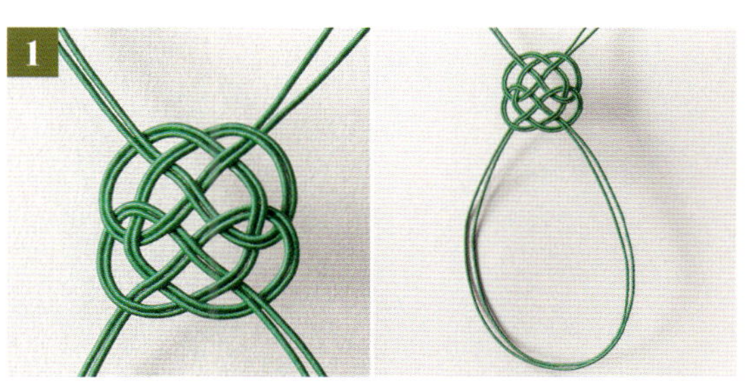

緑の水引2筋で、下の輪が大きくなるように亀の子結び（p.13）を作る。

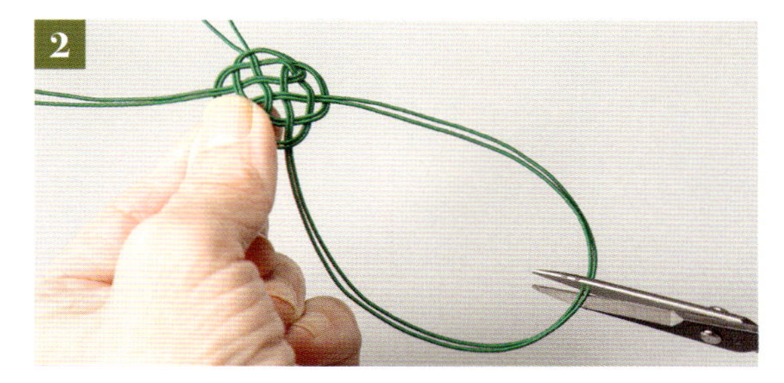

その輪の真ん中で切る。

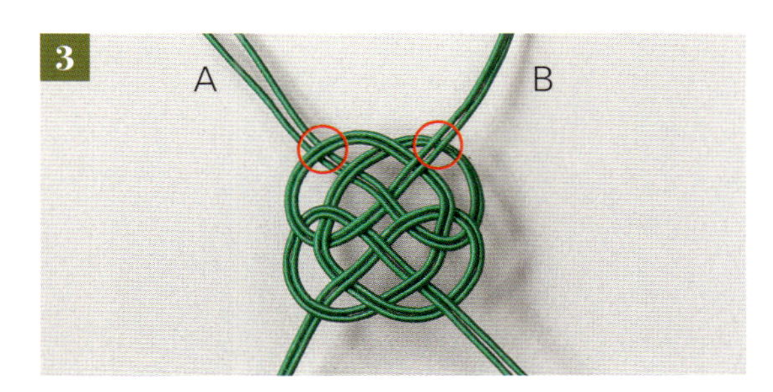

AとBの水引を、ひと目はずす。

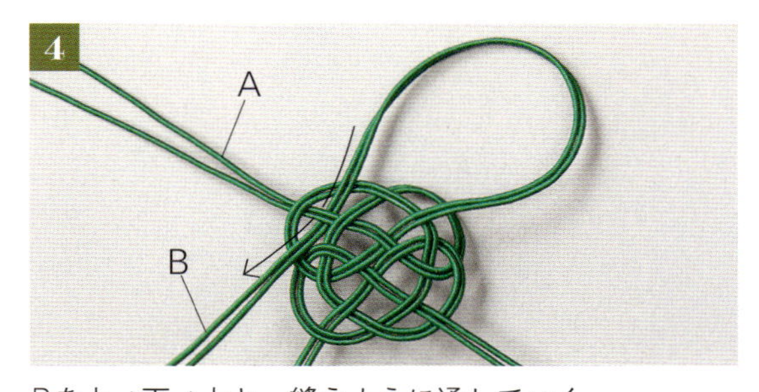

Bを上→下→上と、縫うように通していく。

反対側も、Aを上→下→上→下と、縫うように通していく。

両方を通し終わったところ。

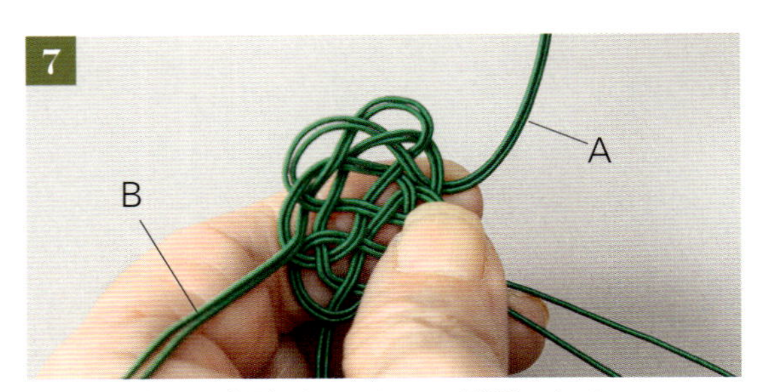

AとBの残りの水引が、かえるの前脚になる。

下の左右の水引で、円を作るように後ろ脚を作る。

左右2筋ずつで∞（無限大）の形を作り、真ん中をワイヤーで留める。

後ろ脚を作った水引の1筋を、上の輪に通し、折り返して左右の目を作る。

前脚を曲げてバランスのいい長さで切る。残った水引も表から見えないように切り、ボンドで留める。

体の丸みがつくように、形を整えて完成。目は、お好みで黒のマジックで塗る。

いろいろな色で楽しみましょう!

Color Variation

かえるは1本か2本の水引で小さく結ぶと、かわいくなります。手や脚の、長さや形、方向を工夫して、自分だけのかえるを作ってみてください。

かたつむり

前にだけ進むため、
縁起がいいとされるいきものです。

【材料】
水引
茶／60cm×5筋
緑／30cm×5筋
ワイヤー
金／28番

茶の水引5筋で、あわび結び（p.9）を作り、逆さまにする。あわび結びは、殻の部分になる。

殻の後ろから出る体になる部分を、適当な長さでナナメに切る。

前の部分で顔を作る。下の3筋の水引で、上の2筋を巻いて輪を作る。

裏側でワイヤーを使って留める。3筋の水引の余りは、ワイヤーの根元で切る。

残った2筋の水引で目を作る。どちらも、それぞれひとえ結び（p.23）をして、根元で切る。

上のような形になる。

殻の丸みを出すように指で調整しながら、首を持ち上げる。

緑の水引5筋の中央をワイヤーで留める。半分に曲げ、ずらして間隔を空けて両端をワイヤーで留める。

葉の上にのせて完成。

キリギリス

生物図鑑も参考にして、
カタチを研究しました。

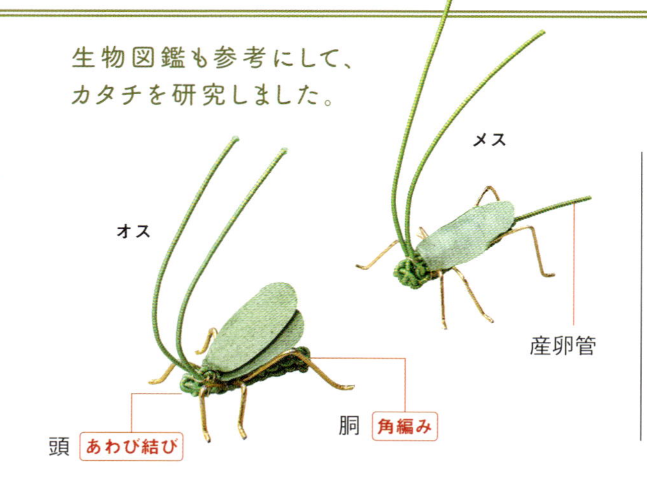

【材料】

水引
緑／ 90cm× 2 筋

ワイヤー
金／ 22 番／ 4.5cm× 4 本、 7cm× 2 本
金／ 28 番

和紙
緑／ 4 × 3cm／ 2 枚

緑の水引1筋を半分に切り、角編み（p.60）を13段作る。

残った内側2筋であわび結び（p.9）をできるだけ小さく作り、頭を作る。残り2筋は触角になる。

頭の残りの水引を触角の間に通し、ワイヤーで留める。頭の残りは5mm、触角は5cmで切る。

角編みの1段目と2段目の間に、ワイヤー 22番（4.5cm）を通す。

3段目と4段目の間に4.5cm、5段目と6段目の間に7cmのワイヤー22番を通す。

ヤットコなどを使って、ワイヤーを2カ所曲げて脚を作る。

残りのワイヤーも同様に曲げる。

羽を作る。和紙を半分に折り、2×1cmの羽の形に切ると、同じものが2枚できる。

羽の根元にボンドをつけて、ワイヤーで留める。

羽を首の根元にのせ、和紙につけたワイヤーで留める。触角や脚の向きを整えてオスが完成。

メスもオスと同様、1～10まで作る。産卵管となる水引1.5㎝を、角編みのスタート部分に差し込む。

触角や脚の向きを整えてメスが完成。

鈴虫

鳴き声が聞こえてきそうなほどのリアル感です。

【材料】

水引
茶／90㎝×2筋

ワイヤー
金／22番／4.5㎝×4本、7㎝×2本
金／28番

和紙
薄茶／4×4㎝／2枚

茶の水引1筋を使って、キリギリスの2まで同様に作る。

頭の残りの水引を、胴体に沿わせるように、角編みのスタート部分にボンドでつける。

余りは、2筋とも胴体の端より1㎝長くして、内側にナナメに切る。触角は5㎝で切る。

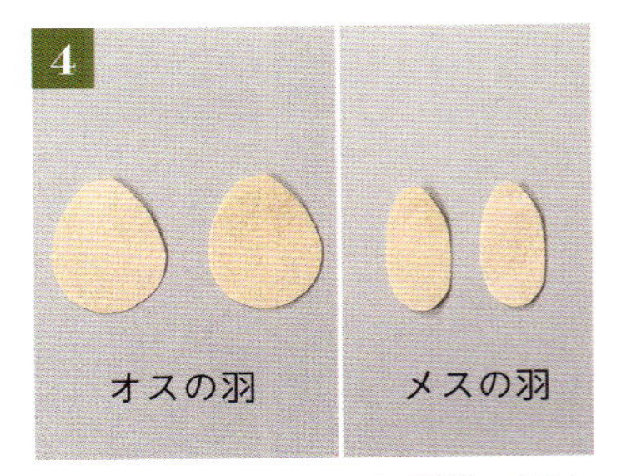

キリギリスの4～7と同様に脚を作る。羽は、オスが1.5×1.3㎝、メスが1.5×1㎝。

キリギリスの9、10と同様に羽をつける。鳴くときのように羽を上げ、触角や脚を整えてオスが完成。

メスは羽を体に沿うようにつけ、キリギリスの11と同様に産卵管を差す。形を整えてメスが完成。

金魚

「金運をまねく」という、
縁起のいいいきものです。

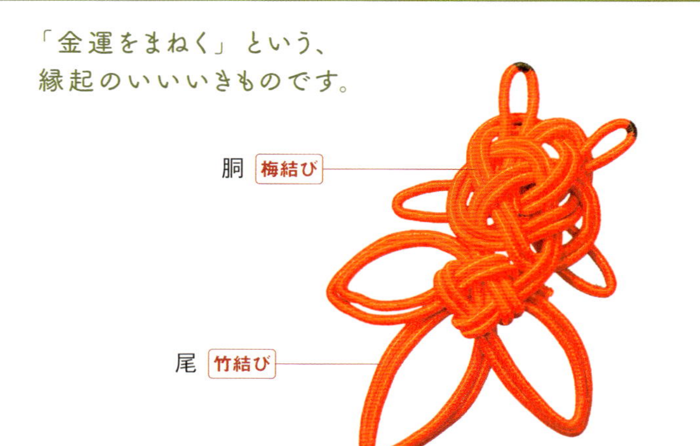

【材料】
水引
朱／60㎝×2筋
ワイヤー
金／28番

朱の水引2筋で、竹結び（p.21）をする。余った上の2筋ずつで、梅結び（p.11）をする。

裏側でワイヤーで留める。

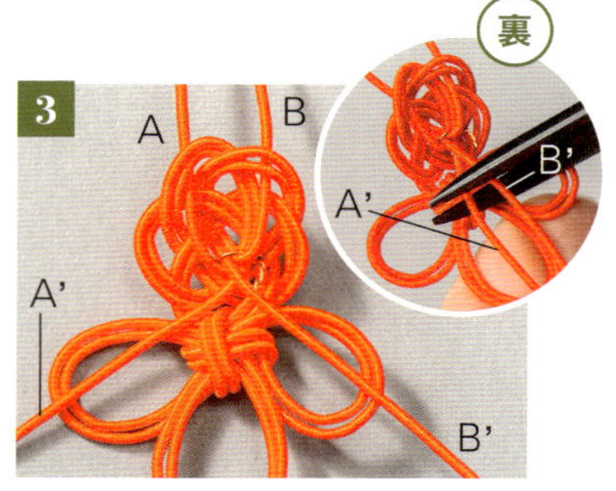

一番上の左右の輪に、AとBをそれぞれ通す。不要なA'とB'の水引を切る。

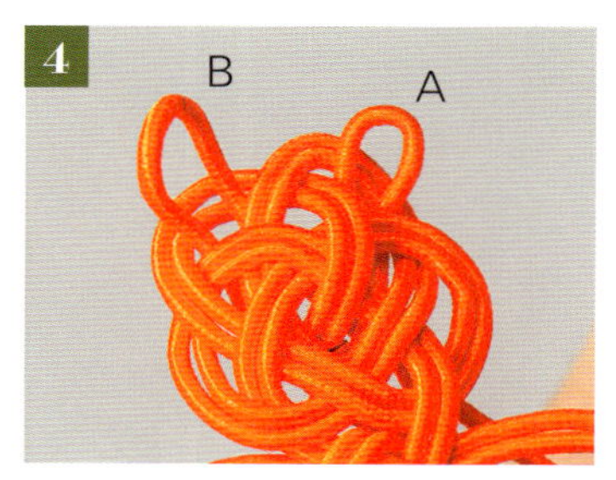

3で通したAとBの水引を、同じ場所に戻し入れて、目になるように小さな輪を作る。

目になったAとBの残りの水引を、裏側でクロスさせ、輪にして胸びれを作る。

左右の胸びれができたら、真ん中でワイヤーで留める。余ったワイヤーは切る。

黒のマジックで、黒目を入れる。

尾びれとなる部分は、指またはヤットコを使い、先をとがらせる。

体の丸みがつくように、形を整えて完成。

ふくろう

縁起物界の大スターにして、
知恵の神様！

頭　切りあわび
口ばし　あわび結び
胴（下部）　あわび結び

【材料】
水引
茶／ 90㎝× 3 筋
白金／ 90㎝× 4 筋
ベージュ／ 30㎝× 1 筋

目玉パーツ／ 2 個

90㎝の茶2筋と白金3筋の水引を半分に切り、切りあわび（p.16参照）で頭を作る。

下に残った水引は、頭から15㎝ほどで切り、上は頭の曲線のラインに沿って切る。

次に45㎝の茶1筋と白金2筋の水引で、あわび結び（p.9）をし、体の下部分を作る。

頭から2㎝のところに、3で作った体の下部分を置き、頭の裏にボンドで留める。

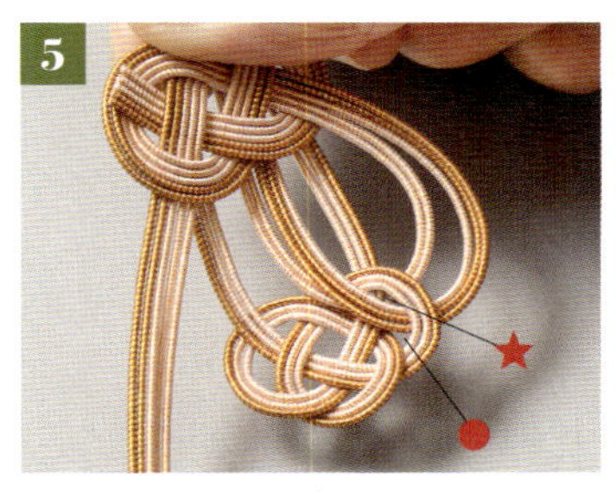

頭の残りの5筋ずつのうち、左右それぞれ内側の2筋を下から★に、外側の3筋を下から●に通す。

5で通した2筋と3筋を頭の裏側で、少し丸みが出るように、ボンドで留める。

30㎝のベージュの水引1筋で、あわび結びをして、下をとがらせて口ばしを作る。

顔部分のすき間に、7の口ばしを差し入れて位置を決める。残りの水引は、体の下部分まで下ろす。

8で下ろした水引を中央のすき間に通し、裏でボンドで留める。余りを切り、ボンドで目をつけて完成。

教えて！雪洋先生

**贈り手と受けとり手を結びつけてきた水引。
その歴史と魅力を雪洋先生にお聞きしました。**

水引の魅力

わたしは豊富な色数、作品の美しさに惹かれて、水引の世界に。それまで日本刺繍や手まりなど、手工芸は大好きで、他に竹工芸なども学び、結ぶ、編むといったことに慣れ親しんできましたが、水引はまったく別なものでした。とても魅力のある､奥の深いものだと思います。最初は慣れなくても、基本をしっかりマスターすれば、応用もできるようになります。いろいろな作品に挑戦してみてください。水引は自分の指先だけが頼り、特別な道具もほとんど必要ありませんから。

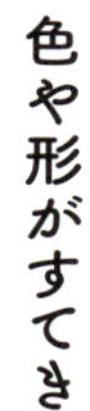

色や形がすてき

「まっすぐな水引から立体的なものができるのは驚きでした。一筋の水引から無限に広がる造形の美しさは、平面的なものから複雑なものまで、その多様性が魅力です」

暮らしに役立つ

「お正月飾りや祝儀袋など、お店で買うものだと思っていたものが、ほんとうは手作りできることを知り、始めました。プレゼントにしても、とても喜ばれています」

工夫して作る喜び

「水引で草花をいっぱい作って、飾ってみたいです。基本の結びをいろいろ覚えると、作れるものの幅が広がり、自分でデザインを考えて作品作りをする楽しみもあります」

協力：萌花の会の皆さん

水引の歴史

紀元前	インド発祥で、お釈迦さまが仏事に用いたという説もある。
飛鳥時代	600年頃、中国から日本へ伝わる。遣隋使・小野妹子の帰国に同行した、隋の使者が持参した献上品に用いられていた。当時の素材は麻ひも。
室町時代	紙で作る紙縒（こより）が普及していく。日明貿易の輸入品の箱に使用されていた。
江戸時代	庶民の間にも、水引や折形が広まる。室町からのしきたりを伝える『包結記（ほうけつき）』（伊勢貞丈（いせさだたけ））が刊行される。
明治・大正時代	祝儀包みなどは手作りが常識となり、女学校などでも教えられるようになった。
昭和〜令和時代	素材も種類も豊富に。水引文化が見直され、静かなブームとなっている。

Part 4

季節を飾って楽しむ

四季のある日本では、
折々の季節感を大切にしてきました。
お正月、ひな祭り、
こどもの日にクリスマス。
水引の松をアレンジすれば、
ツリーやリースも作れます。

作り方◎
つるし飾り…**47** ページ、餅花飾り…**48** ページ

作り方◎
クリスマスツリー…**53** ページ、クリスマスリース…**54** ページ

作り方◎
ひな飾り…**49** ページ、兜…**50** ページ

前ページ作品作り方◎
正月しめ飾り…**45** ページ

正月しめ飾り

つり下げるときは、しめ飾りに白の水引をつけましょう。

つり下げ用水引
松
梅
竹
紙垂
しめ縄

【材料】

水引
白／90㎝×100筋
赤／90㎝×3筋
緑／90㎝×4筋
黄緑／90㎝×4筋
金／90㎝×2筋

和紙
紅白／各4×16㎝

ワイヤー
白／28番／4本
緑／28番／5本
金／28番

◉できあがりサイズ
高さ20×幅23×奥行き7㎝

松（p.19）を5つ、梅（p.27）を1つ、12㎝ 4筋の竹（p.20）を2つ作っておく。

紙垂を作る。紅白の和紙を外表に重ねる。

重ねたまま、半分に折ることを3回くり返して8つに折る。

折り目に沿って切り込みを入れていく。

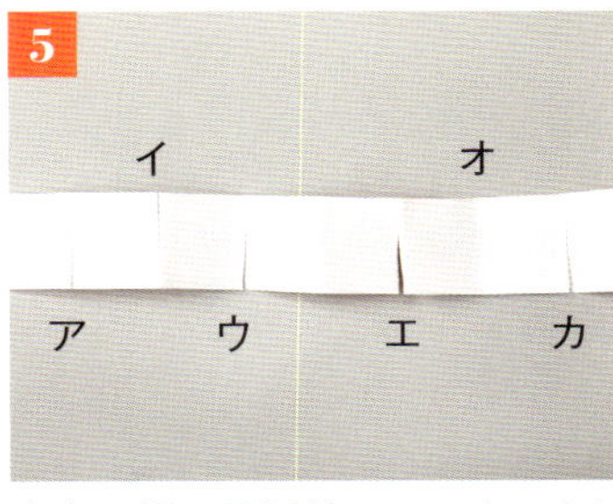

中心の折り目以外のア～カの6カ所の折り目に、端を1㎝残しながら交互に切り込みを入れる。

エを上に折り曲げる。

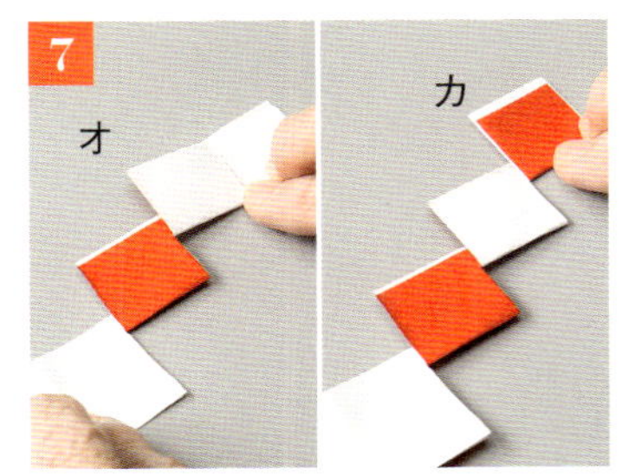

オを上に折り曲げる。次に、カを上に折り曲げる。

左側もウ→イ→アの順に折り曲げていく。

残しておいた中心の折り目を切り離して半分にし、ナナメにずらして重ねる。紙垂が1組完成。

しめ縄を作る。白の水引70㎝100筋を端から12㎝の位置で白のワイヤーで留め、50筋ずつに分ける。

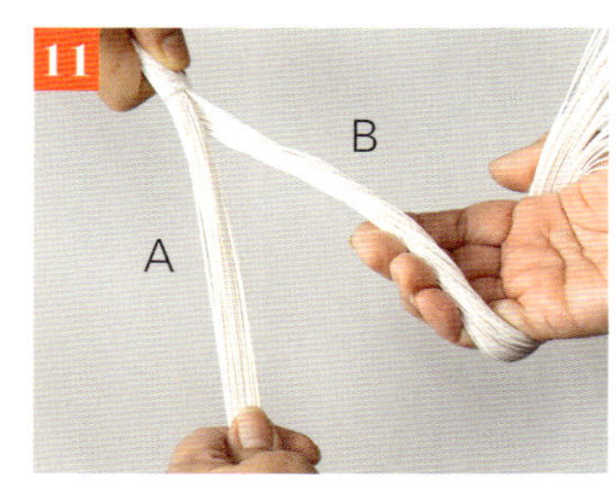

一方を持ってもらいながら、Aを左手で持って、Bを時計回りに強く5回ねじる。

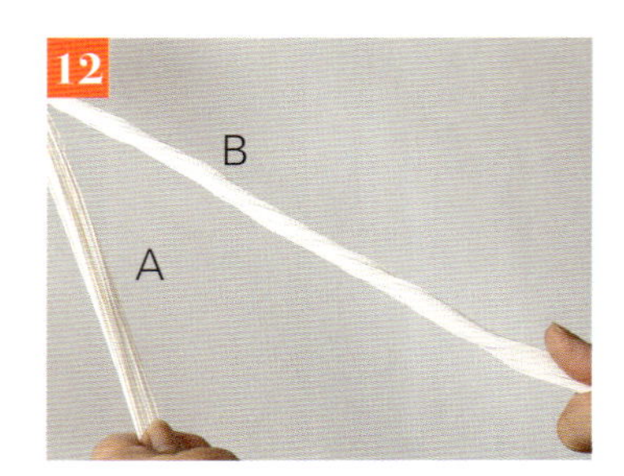

お互いに少しひっぱり合うように作っていく。

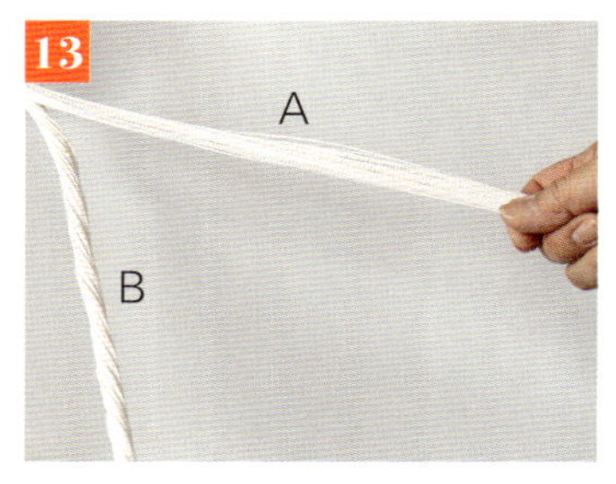

ねじったBをAの上を通して左手に、Aを右手に持ちかえる。ゆるまないように注意する。

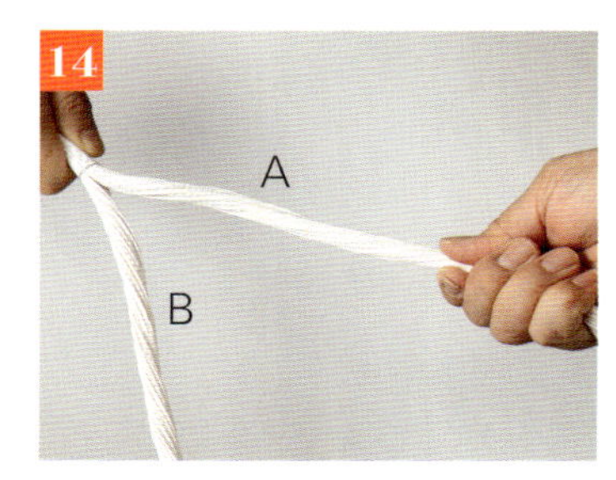

Bを左手で持って、Aを時計回りに強く5回ねじる。

ねじったところが戻らないように、11～14をくり返しねじっていく。

残り約12㎝のところまできたら、そこを白のワイヤーで留める。

輪にして、さらに白のワイヤーで留める。

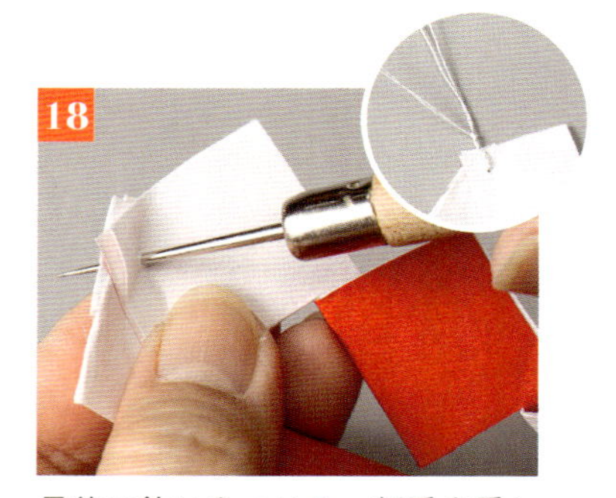

最後に飾りをつける。紙垂を重ねたところに目打ちで穴を開け、白のワイヤーを半分に折って通す。

松の余りのワイヤーを使って、竹と梅を取り付ける。

竹の後ろに紙垂を入れ、通した白のワイヤーで飾りに取り付ける。

20で余ったワイヤーで、飾りをしめ縄に取り付ける。しめ縄の左右の水引を切りそろえて完成。

つるし飾り

松

珠
あわび結び

結び
水引おび

追羽根
玉結び

竹

梅

珠

作り方４の結びは、
箸置きにもなります。

◉できあがりサイズ
長さ45cm

【材料】

水引
松、竹、梅、珠（2 色）、結び、追羽根

ワイヤー
金／ 28 番

追羽根の抜き弁（直径 2cmを 1 枚）
鈴（3 個）
ひも（赤／ 45cm）

緑の水引3cm 9筋で、松（p.19）を作る。

ピンクの水引45cm 3筋で、p.67を参考に、あわび結び（p.9）をつなげて珠を作り、鈴をつける。

黄緑の水引7cm 3筋で、3枚の竹（p.20）を作る。

2色の水引10cm 6筋で、水引おび（p.24）を作る。水引おびを結んで、両端を結び目に差し込む。

赤の水引30cm 3筋、金の水引でしべ5本の梅（p.27）を作る。

白の水引45cm 3筋で、2と同様に珠を作る。

羽根、玉結び（p.59）、抜き弁、ワイヤーを通した鈴を用意する。

p.31の水仙を参考に、赤の水引2筋で5枚の羽根を作る。抜き弁を入れ、鈴を通してワイヤーで留める。

根元に、4重の黒の玉結びを差し込んで、ボンドで留める。

餅花飾り

お好みの色を選んで、
アレンジを楽しんで！

【材料】

水引
最大21色／45cm×1筋

ワイヤー
金／26番／15cm×7本
金／28番

◉できあがりサイズ
高さ7×幅7×奥行き8cm

●はじめに
好みの21色（すべて違う色でなくてもいい）の水引45cm 1筋で、2重の玉結び（p.59）を21個作る。

26番のワイヤー 15cmの端から2cm間隔で玉結びを3つ通し、ボンドで留める。これを7本作る。

7本をまとめて、ワイヤーで巻く。

ワイヤーが垂れ下がるように、形を整えて完成。台は、粘土や厚紙を巻いたもので手作りしても。

トリビア File No.1

五節句を祝う

元々は中国の陰陽五行からの風習で、奇数は陽、偶数は陰とされ、年に五回、同じ奇数が重なる節目の日に厄払いをしました。

日本でも五節句は農耕の節目として、手を休め、祭事を行うハレの日とされ、宮中行事から広がりました。その後、江戸幕府が一月一日を特別な日として七日に置き換え、制度化されたそうです。

五節句 飾り花『水引折形作品集』より

ひな飾り

顔 あわび結び
冠 あわび結び
束帯（そくたい） 六角結び
十二単 六角結び

お顔も小物も、
すべて水引のおひな様です。

◉できあがりサイズ
男びな／高さ7×幅4×奥行き4cm
女びな／高さ5.5×幅4×奥行き4.5cm

【材料】

水引
ピンク、薄緑、朱／各 90cm×1 筋
水色、紺、黄緑／各 90cm×1 筋
白、黒、茶、金／各 30cm×1 筋

ワイヤー
金／28 番

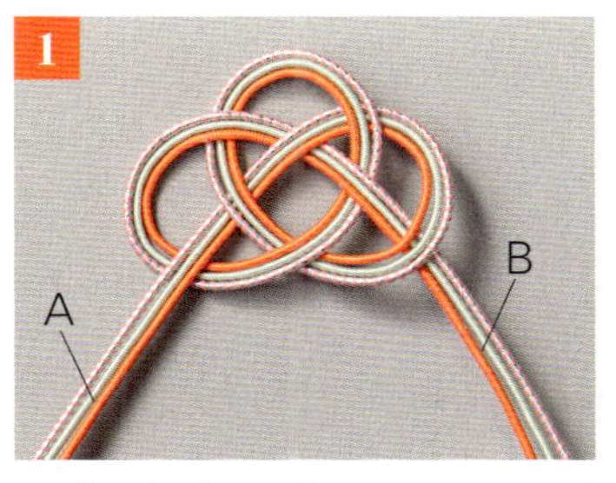

まずは女びなを作る。ピンク、薄緑、朱の水引90cm各1筋ずつで、逆あわび結び(p.72参照)をする。

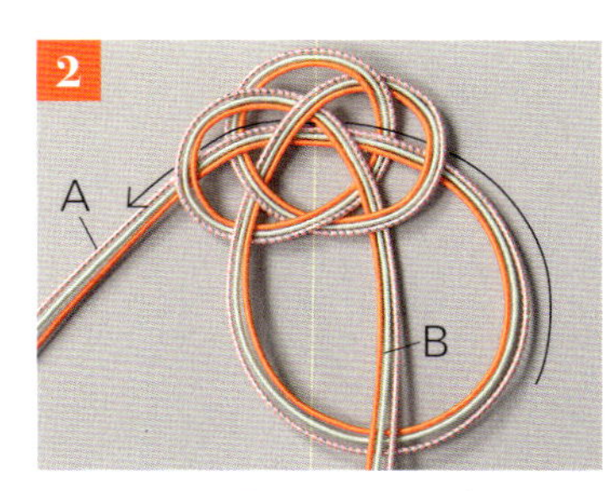

AをBの下を通して、下→上→下→下→上→下と、縫うように通す。

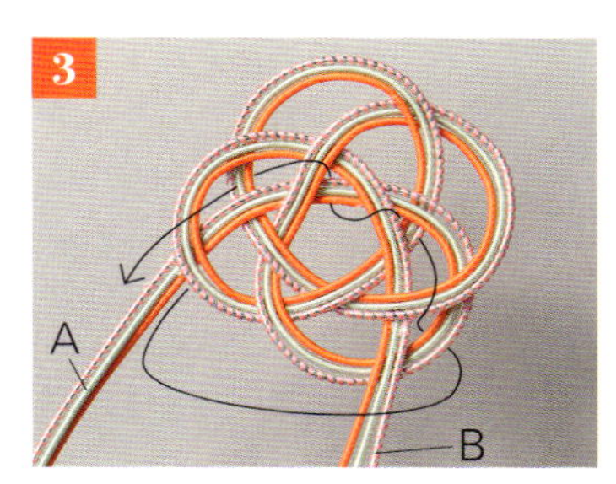

AをBの上を通して、下→上→下→上→下→上→下→上→下→上と、縫うように通す。

正しく通し終わったところ（六角結び）。

中心に指を入れ、丸みをつけながら盛りあげるようにして、形を作る。

六角結びの後ろの3筋の間隔を少し空ける。

余りの水引は約2cm残して切り、十二単が完成。

束帯（そくたい）は、六角結びの前の3筋の間隔を少し空け、後ろはクロスさせて切り、ワイヤーで留めて完成。

茶の水引15cm 1筋で、あわび結び(p.9) をする。あわび結びの端は、★から出して上に引く。

10

長さを調整し、男びなの冠が完成。女びなの冠は金の水引15cm 1筋のあわび結びで、先をとがらせる。

11

顔は白の水引、髪は黒の水引で、それぞれ15cm 1筋のあわび結び。笏（しゃく）は3cmの金の水引を半分に切り、その中に1筋差し込んでボンドで留める。扇は2.5cmの金の水引3筋を2つ折りにし、ワイヤーで留める。

12

男びな、女びなともに、顔の上に髪と冠をボンドで留める。顔の余りの水引は1.5cmほど残して切る。

13

8の一番高いところに12の頭を入れ、笏は前に差し込む。それぞれ裏側でボンドで留めて完成。

14

7の一番高いところに12の頭を入れ、扇は前に置き、それぞれ裏側でボンドで留めて完成。

兜（かぶと）

水引で作った勇ましい兜を端午の節句に。

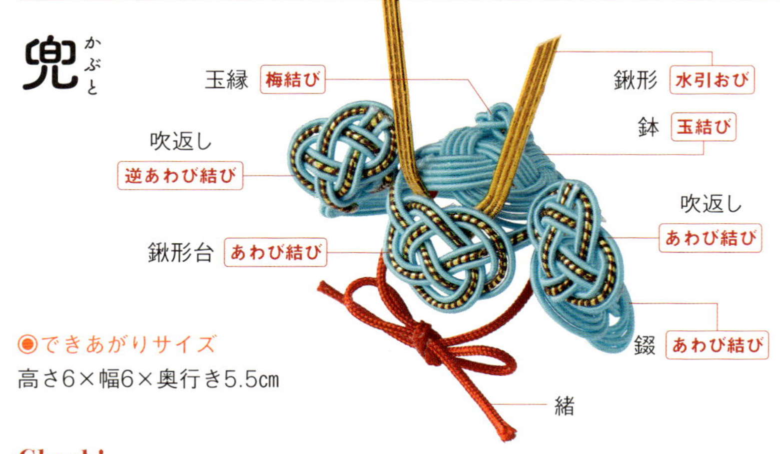

◉できあがりサイズ
高さ6×幅6×奥行き5.5cm

【材料】

水引
水色／90cm×6筋
茶／90cm×1筋
金／90cm×1筋
赤／15cm×1筋

ワイヤー
金／28番

Check!

兜の部位の名称。

1

水色の水引90cm 4筋で、中央にあわび結び（p.9）をする。

2

連続するように、右側に2つあわび結びをする。余った水引は15cm残して切る。錣（しころ）の部分が完成。

裏返して、残した4筋の水引を2筋ずつに分け、それぞれの間に茶の水引15㎝ 1筋を通す。

通した水引の端がはずれないように、裏側でボンドで留める。

乾くまでクリップではさんでおく。左側も同様に行う。

左側に、水色と茶の水引3筋で、上のようにあわび結びをして、余った水引を切る。

右側に「逆あわび結び」(p.72の3)をして、吹返し部分が完成。

水色の水引で5重の玉結び(p.59)をドーム状になるように作る。

水色の水引で1筋の梅結び(p.11)を作り、8のてっぺんに差し込む。

余分な水引を切り、裏側をボンドで留めて、鉢が完成。

鉢と、錣の3カ所をワイヤーで留める。通しやすいように目打ちを使う。

裏側で3カ所留めると、錣と鉢が1つにつながる。

水色と茶の水引20㎝ 3筋で、あわび結びをする。

鉢の大きさに合わせて、両端をクロスさせ、ワイヤーで留め、鍬形台が完成。余った水引は切る。

鉢からはずれないように、鍬形台の裏側にボンドをつける。

鍬形台を鉢につける。

金の水引10㎝ 3筋で水引おびの鍬形を2つ作る。下は1㎝でナナメに折り、上はナナメに切る。

鍬形の下端にボンドをつけ、鉢と鍬形台の間にはさんで留める。

赤の水引15㎝ 1筋で、緒を作る。鉢と錣のつなぎ目辺りにボンドで留める。

兜全体の形と緒を整えて完成。

アレンジ File No.8

◉できあがりサイズ
高さ4×幅4×奥行き3.5㎝

五色のミニ兜

水引2筋で作った兜です。鉢は5重の玉結びです。作り方は、兜（p.50）と同じです。色の組み合わせや水引の本数を変えることで、こんなにも印象が変わります。小さなインテリアとして、ちょこんと部屋に飾ってみてはいかがでしょうか。

クリスマスツリー

◉できあがりサイズ
高さ11×幅5×奥行き5cm

【材料】
水引
緑／ 90cm× 8 筋
赤／ 90cm× 2 筋

ワイヤー
緑／ 20 番／ 10cm× 1 本
緑／ 28 番／ 16 本

フローラテープ
緑

3.5cmの緑の水引13筋で1個、11筋で15個の松(p.19)を作る。葉は上向きにし、芽は赤で作る。

13筋で作った松の根元に、20番の緑のワイヤーを添え、フローラテープで巻いていく。

1cm巻いたら、2段目になる11筋の松3つを等間隔に巻きつけていく。

2段目ができたら、また1cm巻き、3段目の松3つを2段目の間に配置し、少し外に広がるように巻く。

Check!

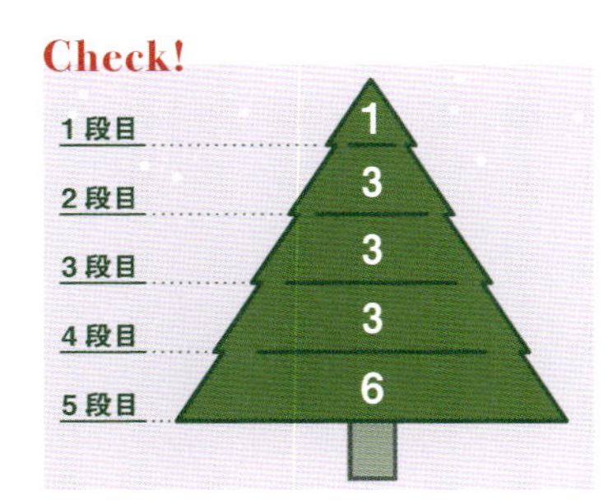

1段目に13筋の松1つ、2～4段目に11筋の松3つ、最後の5段目に11筋の松6つを配置する。

バランスよく巻けたら、5段目の根元から2.5cm巻き、余分なワイヤーとともに切って完成。

白で作ったり、玉結びやビーズをつけたりしても楽しい。上の台は、粘土にレンガ模様をつけたもの。

アレンジ File No.9

ツリーのブローチ

ビーズにワイヤーを通して芽の代わりにしています。表側だけ松を配置し、フローラテープで安全ピンを巻き込みながら留め、リボンをつけて完成です。

クリスマスリース

金の芽がチャームポイントのリースです。

◉できあがりサイズ
高さ11×幅11×奥行き5cm

【材料】
水引
白／90cm×8筋
金／90cm×2筋
ワイヤー
白／20番／1本
白／28番／17本
フローラテープ
白

3.5cmの白の水引11筋で、松を17個作る。葉は上向きにし、芽は金で作る。

1つ目の松の根元に、20番の白のワイヤーを添えて、フローラテープで巻いていく。

1cmほど間を空けて、2つ目の松を巻いていく。

3つ目以降も同様に巻き、17個すべてを巻きつけていく。

17個巻き終わったら、松をワイヤーに対して垂直に立てる。

リング状にして、1つ目と17個目がつながるように、ワイヤーを重ねる。

フローラテープで重ねたところを巻きつける。

余った金の水引で、つり下げ用のひもを作り、完成。

Point

ツリー同様、リースも他の色で作ったり、星や鈴、リボンなどの飾りをつけたりすると華やかになる。

Part 5

おしゃれに編む、結ぶ

髪飾りや耳飾り、
ペンダントヘッド、バッグチャーム。
水引は丈夫な素材なので、
水濡れにさえ気をつければ
普段使いも大丈夫。
プレゼントにしても喜ばれます。

作り方◎
玉結びのポニーテールクリップ…66 ページ

作り方◎
梅結びのイヤリング…64 ページ
梅結びのペンダントヘッド…65 ページ
抜き梅のバッグチャーム…68 ページ

前ページ作品作り方◎
亀の子結びのバッグチャーム…68 ページ
金魚のイヤリング…64 ページ
あわび結びのバレッタ…66 ページ
みょうが結びのイヤリング…63 ページ
梅結びのヘアスティック…66 ページ

軽くてつけ心地がいい
水引アクセサリー
かわいくもシックにも

作り方◎六本編みのイヤリング…64 ページ

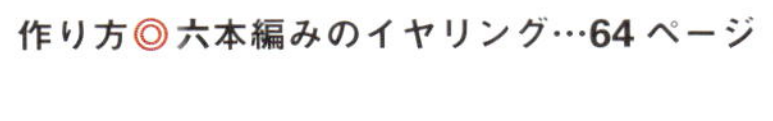

作り方◎あわび結びの指輪…65 ページ

作り方◎かえるのピアス…64 ページ

アクセサリーのパーツ

イヤリング、ピアス、ペンダントなど

①はイヤリング金具、②はピアス金具、③はペンダントやネックレス用チェーン。④～⑦は、①～③の金具と飾りをつなぐ留め具。④は甲丸カツラ、⑤はCカン、⑥は丸カン、⑦はバチカン。

カンは、ヤットコ2本ではさみ、前後に開いて切れ目を広げる。

ヘアアクセサリー

①は大小のバレッタ金具、②はヘアコーム金具。③と④はヘアスティック金具、⑤はかんざし。⑥はシャワー付きポニーテールクリップ。

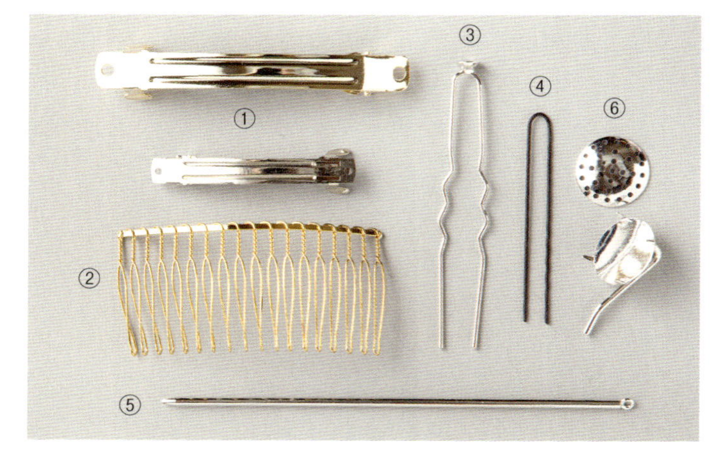

ブローチ、バッグチャームなど

①はショールやストール、スカーフを留めるカブトピン。②はハットピン、③はシャワー付きブローチピン、④はブローチピン。⑤はバッグチャームチェーン。

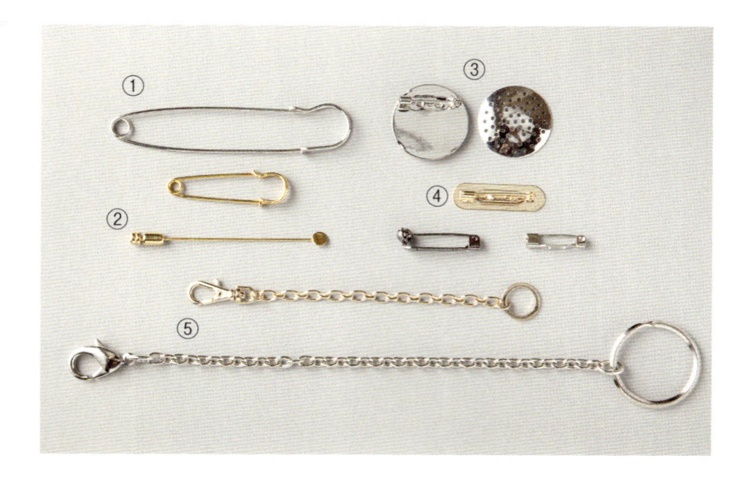

玉結び

アレンジ自在で、
応用範囲が広い結びです。

【材料】
水引
赤／ 90cm× 1 筋

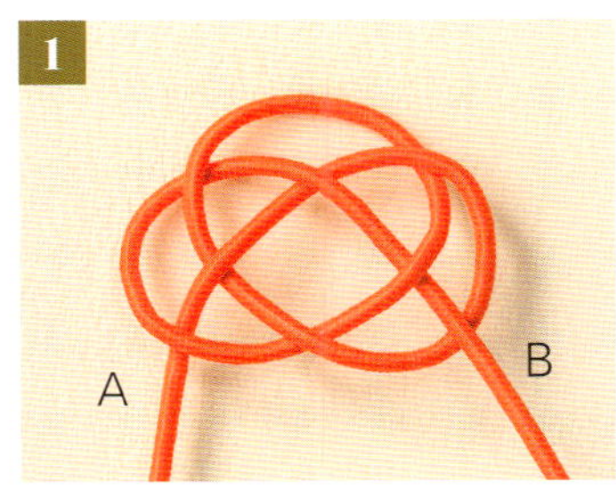

赤の水引90cm 1筋であわび結び（p.9）を端に作る。

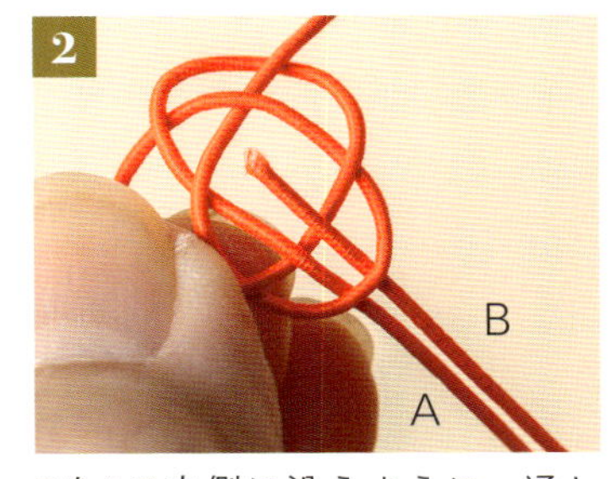

BをAの内側に沿うように、通していく。

1周通し終わったところ。

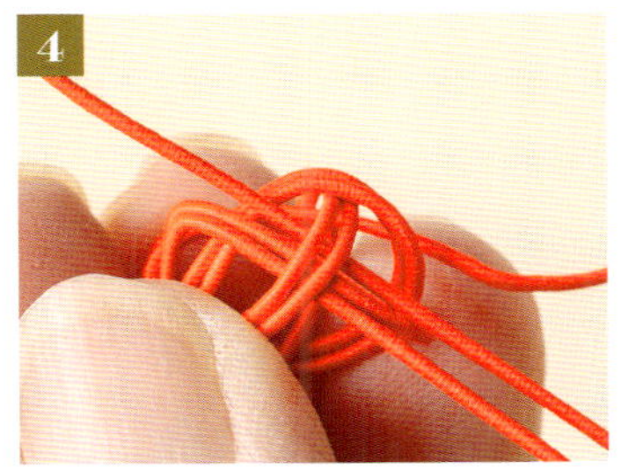

真ん中に指を入れ、丸みをつけながら、2周目も同様に沿わせていく。

通しにくいときは、目打ちを使って、すき間を空けながら通していく。

4周させると、5重の玉結びが完成。

三つ編み

水引作品にも
よく使われる編み方です。

円形に編んだもの

【材料】
水引
赤／ 90cm× 6 筋
白／ 90cm× 3 筋
ワイヤー
金／ 28 番

赤の水引90cm 2筋と、白の水引90cm 1筋のセットを3組作り、上のように組んでワイヤーで留める。

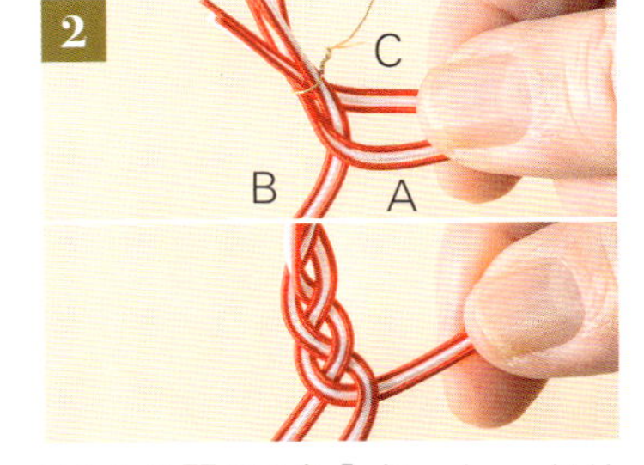

BとCの間にAを入れ、しっかりとひっぱりながら、広げて編んでいく。

これを必要な回数くり返す。

角編み

同じ力加減で編んでいくのがポイントです。

【材料】
水引
赤／90㎝×１筋
白／90㎝×１筋

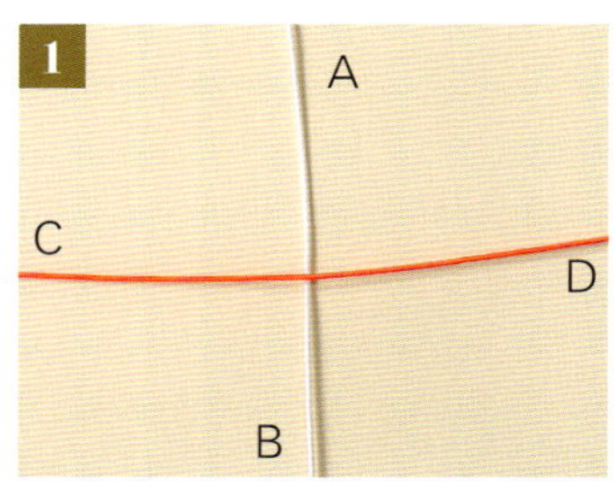

赤の水引90㎝ 1筋と、白の水引90㎝ 1筋を十字に置く。

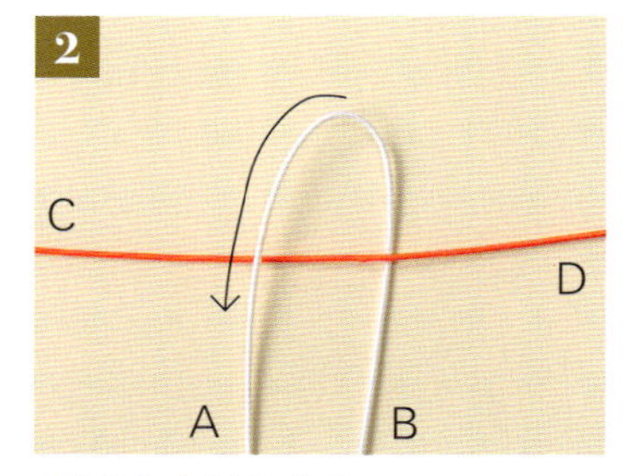

AをCの上にのせる。

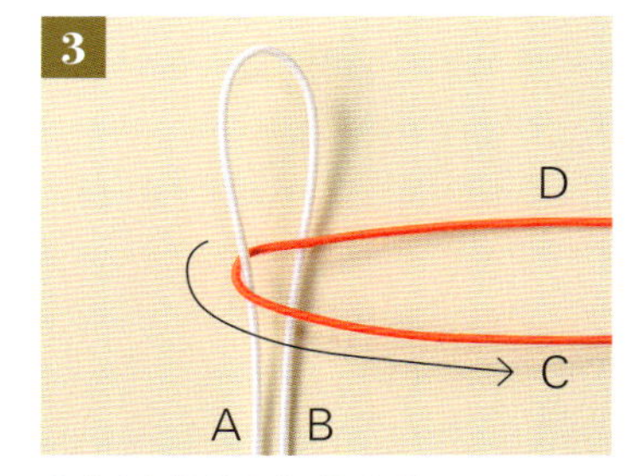

CをAとBの上にのせる。

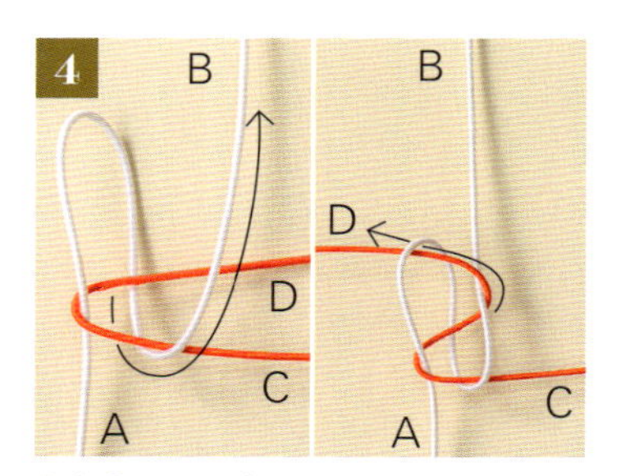

BをCとDの上にのせ、Dを2でできた輪に入れる。

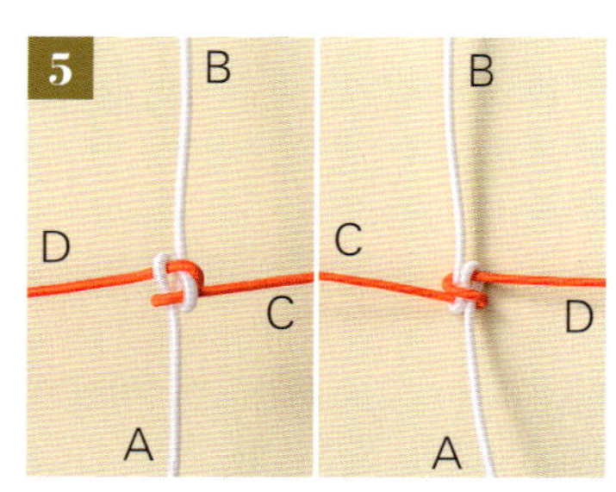

A、B、C、Dの水引を締め、ひっくり返して、編んでいく。

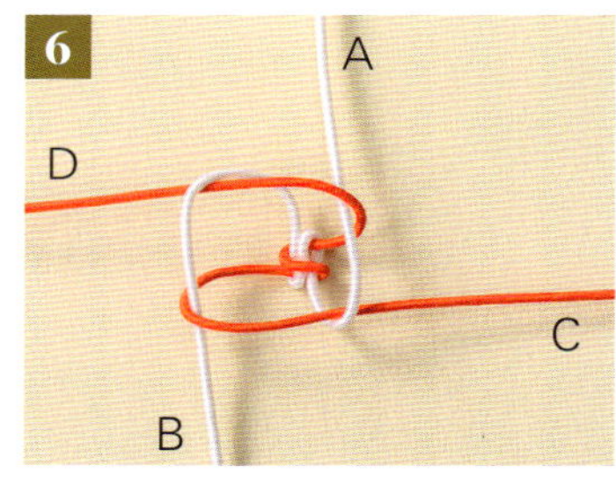

Bを下に下ろし、CをAとBの上に、AをCとDの上に、DはBでできた輪の中に入れる。

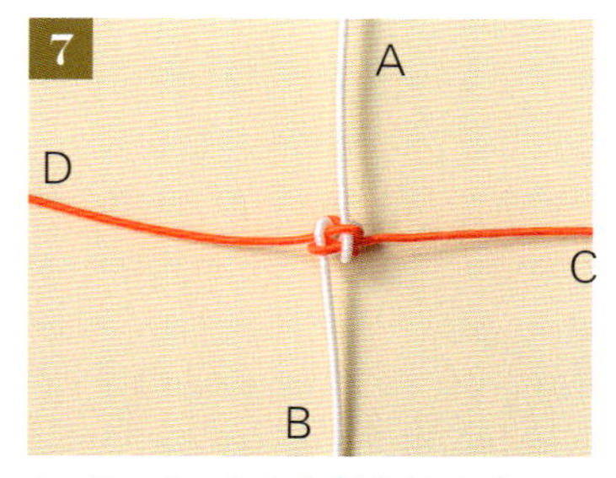

A、B、C、Dの水引を締める。

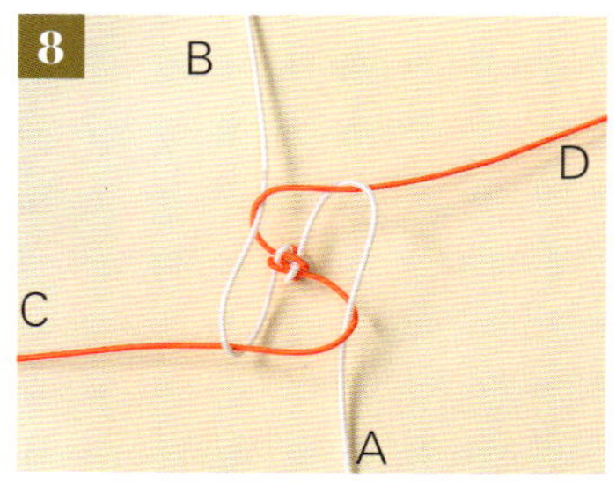

6と逆に編む。6～8を交互に編んでいく。

形を整えて完成。

五本編み

流れるようにリズミカルに
編んでいきましょう！

【材料】

水引

赤／ 90㎝× 4 筋
白／ 90㎝× 1 筋

ワイヤー

金／ 28 番

1

赤と白の水引90㎝ 5筋をワイヤーで留める。赤3筋と、赤と白の2筋に分ける。

2

3筋の一番外側の水引を右に持ってくる。

3

3筋になったほうの一番外側の水引を左に持ってくる。

4

同様に、外側の水引を中央でクロスさせて編んでいく。

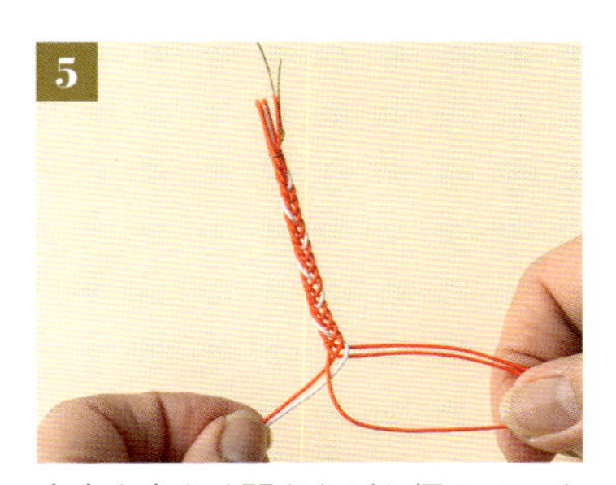

5

左右を大きく開きながら編んでいく。

6

形を整えて完成。

アレンジ File No.10

玉結びの 根付けとかんざし

12ページの「アレンジFile」でご説明したように、縁起のいい五色の水引各1筋で、2重の玉結びを作り、根付けにしてもすてきです。もちろん、イヤリングやピアスに応用することもできます。

根付けもかんざしも、着物や浴衣でのお出かけにお似合いのアイテムです。

六本編み

編み目のバランスに気を配って
編んでみましょう。

【材料】

水引
赤／90㎝×4筋
白／90㎝×2筋

ワイヤー
金／28番

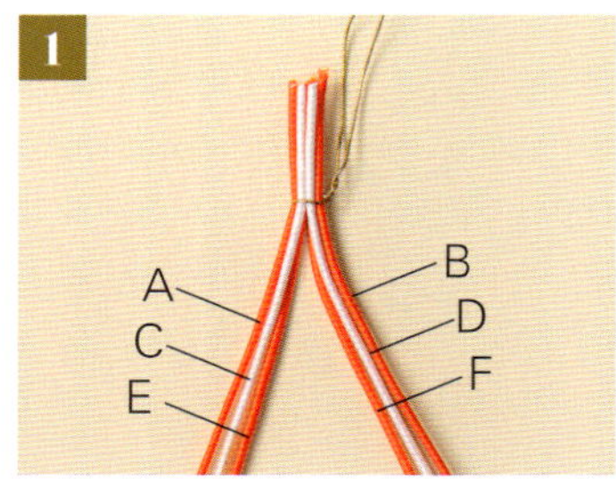

赤と白の水引90㎝6筋をワイヤーで留める。赤2筋、白1筋の2つに分ける。

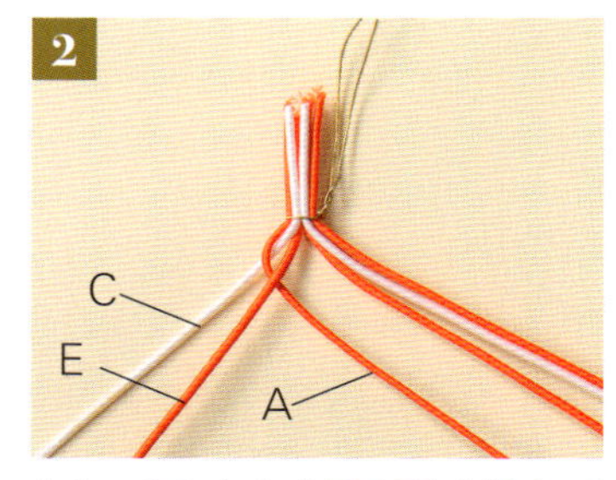

Aを、Cの上からEの下を通して、右へ持ってくる。

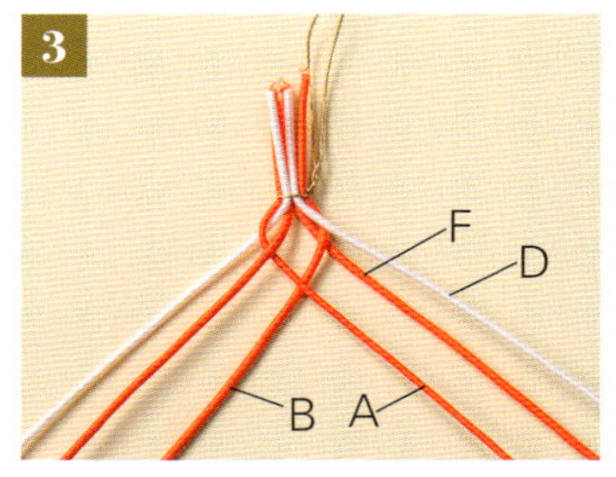

Bを、Dの下からFの上を通して、Aの下でクロスさせる。

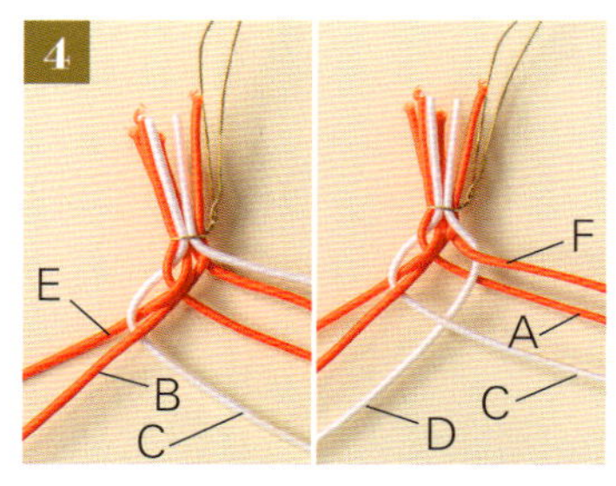

Cを、Eの上からBの下を通す。Dを、Fの下からAの上を通して、Cの下でクロスさせる。

くり返し間隔を空けながら、編んでいく。

形を整えて完成。

アレンジFile No.11

角編み、五本編み、六本編みの根付け

基本の編み方で、アクセサリーはもちろんのこと、根付けにもなります。作り方は、編み終わりを瞬間接着剤を入れた甲丸カツラに差し込み、根付けひもをつなげるだけ。鈴をつけたり、色の組み合わせを工夫したり。アレンジ次第で無限のバリエーションです！

みょうが結びのペンダント

涙形の美しいフォルムが、
胸元を上品に演出！

みょうが結び

【材料】

水引
青／ 60㎝× 2 筋
銀／ 60㎝× 1 筋

甲丸カツラ（内径 3.2㎜／ 1 個）
丸カン（1 個）
ペンダント用チェーン（1 個）

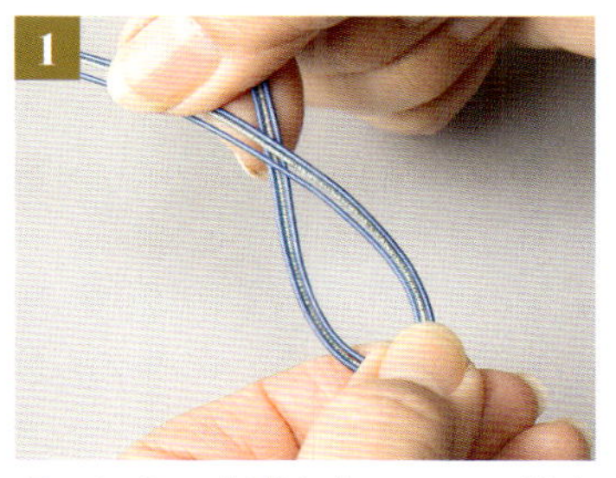

長いほうの水引を上にのせて輪を作る。最初の輪のサイズがみょうが結びの大きさになる。

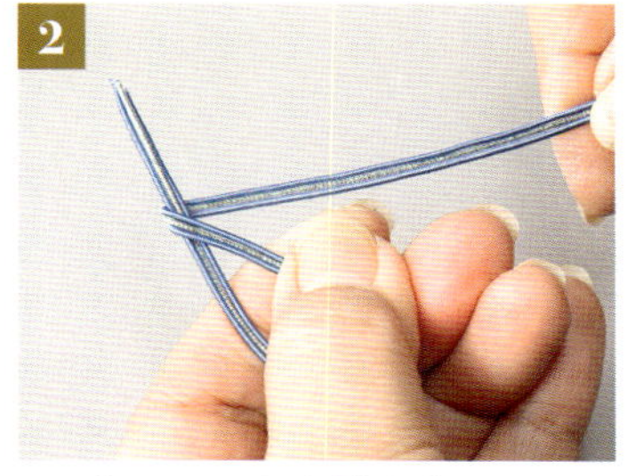

1で上にのせた水引を後ろにまわして、前に持ってくる。

輪の内側に8の字を描くように沿わせる。

3回まわして前に来たら、残りを輪の中に入れ、後ろに出す。

後ろに出した水引を、巻いたところに差し入れ、上から出す。形を整えて、みょうが結びが完成。

余分な水引を切る。切った先を瞬間接着剤を入れた甲丸カツラに差し込む。

最後に、甲丸カツラとペンダント用チェーンを丸カンでつなげて完成。

アレンジ File No.12

みょうが結びのイヤリング

みょうが結びでイヤリングを作る場合は、2筋の水引で最初の輪を小さく作ります。作り方は、上のペンダントと同様、最後に甲丸カツラとイヤリング金具をつなげて完成。涼しげな青と銀のカラーリングは、夏コーデにもぴったり。

ピアス イヤリング ペンダント

コーディネートに合わせて、軽くてつけやすいアクセサリーを！

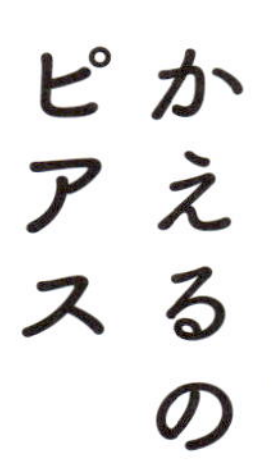

金魚のイヤリング

【材料】

水引
赤／90cm×2筋

ワイヤー
金／28番

丸カン（各2個）
イヤリング金具（1組）

裏

1. 赤の水引45cm 2筋で金魚（p.40）を作る。
2. 金魚を丸カン2個でつなぎ、お好みのイヤリング金具をつけて完成。

かえるのピアス

【材料】

水引
黄緑／90cm×1筋

ワイヤー
金／28番

丸カン（各6個）
ピアス金具（1組）

1. 黄緑の水引45cm 1筋でかえる（p.35）を作る。
2. かえるを丸カン6個でつなぎ、お好みのピアス金具をつけて完成。

六本編みのイヤリング

【材料】

水引
黄／90cm×3筋

ワイヤー
金／28番

パール（各1個）　Tピン（各1本）
丸カン（各1個）　甲丸カツラ（内径4mm／各1個）
イヤリング金具（1組）

横

1. 黄の水引20cm 6筋で六本編み（p.62）をする。パールにTピンを通して間に入れ、ワイヤーで留める。
2. 六本編みの先を瞬間接着剤を入れた甲丸カツラに差し込み、丸カンをつなぐ。
3. 丸カンとお好みのイヤリング金具をつなげて完成。

梅結びのイヤリング

【材料】

水引
ピンク／90cm×1筋
薄ピンク／90cm×1筋
白／90cm×1筋

ワイヤー
金／28番

丸カン（各5個）
イヤリング金具（1組）

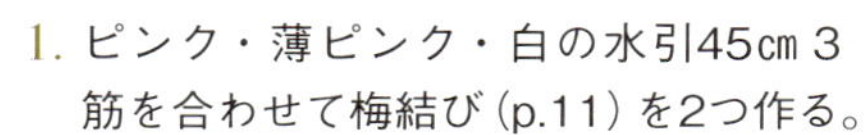

1. ピンク・薄ピンク・白の水引45cm 3筋を合わせて梅結び（p.11）を2つ作る。
2. 梅結び2つを丸カン5個でつなぎ、お好みのイヤリング金具をつけて完成。

あわび結びの指輪

お好きな色の組み合わせを楽しんでください。

【材料】

水引

ピンク／ 60cm×１筋

白&金／ 60cm×１筋

1 片側の水引が長くなるように、ピンクと白＆金の水引各1筋で、あわび結び（p.9）をする。

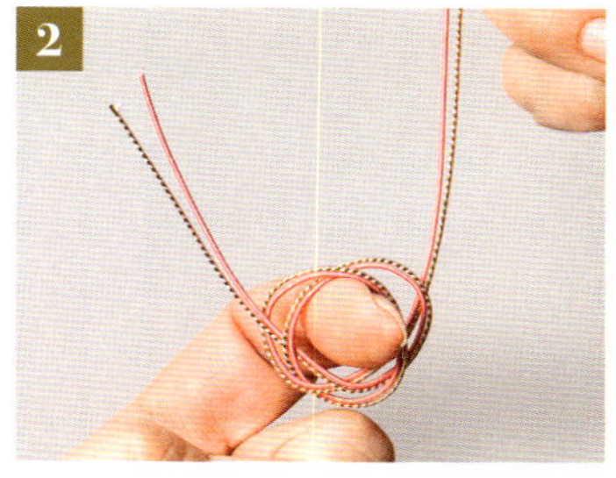

2 あわび結びの中央に指を入れて、大きさを決める。

3 指にはめたまま、玉結びと同じように、長いほうの水引を短い方に沿わせて、入れていく。

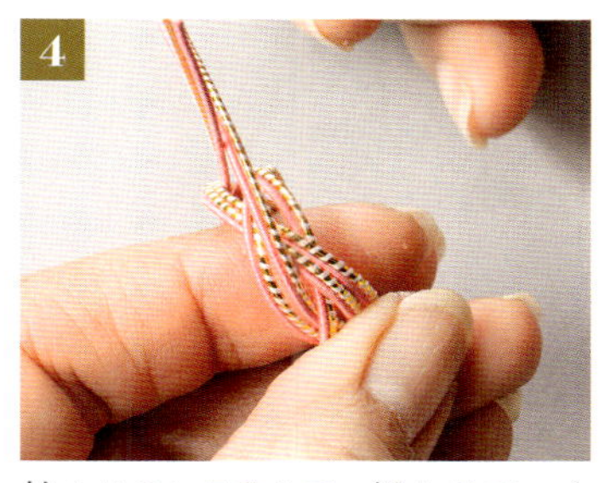

4 始まりのところまで、沿わせていく。

5 一周したところで、裏側に両端を出して、ボンドで留めたあと、余分な水引を切る。

6 形を整えて完成。

梅結びのペンダントヘッド

黒と金の水引で作れば、シックに！

【材料】

水引

ピンク／ 90cm×２筋

薄ピンク／ 90cm×３筋

白／ 90cm×２筋

ワイヤー

金／ 28 番

バチカン（1 個）

1. 水引90cm 7筋で、梅結び（p.11）をする。
2. 上部分をバチカンではさんで完成（ネックレスチェーンをつけた見本は、p.56参照）。

ヘアアクセサリー

普段の髪型にちょっとしたアクセント。
きっと気分も上がります。

あわび結びのバレッタ

裏

【材料】

水引
黄／ 90㎝×２筋
パール黄／ 90㎝×３筋

ワイヤー
金／ 28 番

バレッタ金具（長さ 8㎝／ 1 個）

1. パール黄の水引3筋の間に、黄の水引2筋をはさみ、5筋の5連続のあわび結び（p.72参照）をする。
2. 残った水引は左右対称になるように丸くして、裏でワイヤーで留める。
3. お好みのバレッタ金具に、あわび結びを瞬間接着剤で留めて完成。留めにくいときは、ワイヤーやテグスで取りつけてもよい。

梅結びのヘアスティック

【材料】

水引
ピンク／ 45㎝× 5 筋
銀／ 45㎝× 1 筋
金／ 45㎝× 1 筋

ワイヤー
金／ 28 番

ヘアスティック金具（長さ 10㎝／ 1 個）
フローラテープ／白

1. ピンクの水引4筋の真ん中に銀の水引1筋を入れ、梅結び（p.11）をする。
2. ピンクと金の水引2筋で梅結びを作り、1の梅結びの中央にボンドで留める。
3. お好みのヘアスティック金具を裏側で水引に通す。
4. ヘアスティック金具を通した部分に、フローラテープを巻いて完成。

玉結びのポニーテールクリップ

裏

【材料】

水引
7 色／各 30㎝× 1 筋

ワイヤー
金／ 28 番

シャワー付きポニーテールクリップ
（直径 2㎝／ 1 個）

1. 7色の水引で2重の玉結び（p.59）をする。
2. ポニーテールクリップのシャワーの穴に、ワイヤーで玉結びを留める。
3. ポニーテールクリップの台とシャワーを合わせ、ツメを固定させて完成。

あわび結びのかんざし

浴衣にお似合い。結びを複数つけてもかわいい。

あわび結び

【材料】

水引
ピンク／45cm×3筋

ワイヤー
金／28番

パール（1個）
甲丸カツラ（内径3.2mm）
丸カン（1個）
かんざし用金具（長さ12.5cm／1個）

1 ピンクの水引45cm 3筋を半分に折る。

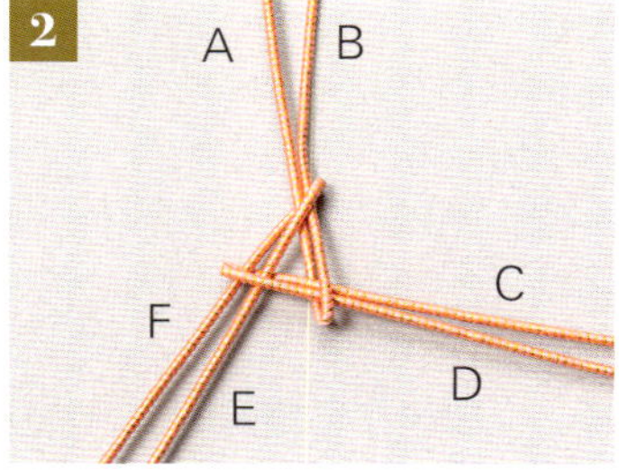

2 1で作った水引を、上のように1本ずつ組み合わせる。

3 BとC、DとE、FとAというように、隣の水引どうしであわび結び（p.9）を結んでいく。

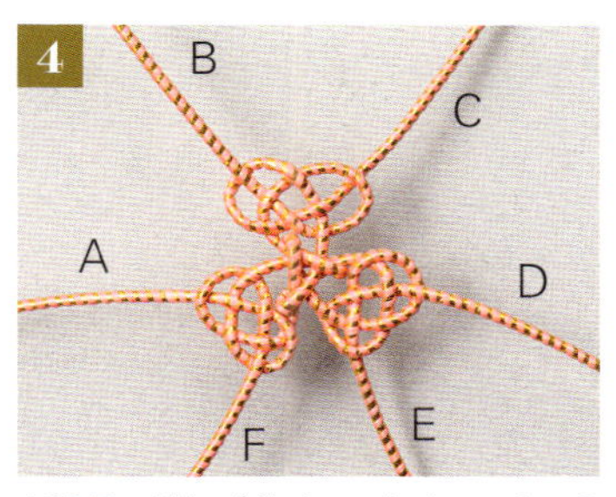

4 1段目が結び終わったところ。2段目も、隣どうしAとB、CとD、EとFの組み合わせで結んでいく。

5 丸みをつけながら、3段結ぶ。中にパールを入れて、上をワイヤーで留め、余分な水引を切る。

6 水引の先を瞬間接着剤を入れた甲丸カツラに差し込む。かんざし用の金具を丸カンでつないで完成。

梅結びのヘアコーム

【材料】

水引
紺／90cm×8筋

ワイヤー
金／28番

ペップ（7×3本）
ヘアコーム金具
（長さ7cm・足の長さ3.5cm／1個）

1. 紺の水引5筋で、梅結び（p.11）を3つ作る。
2. 梅結びの中央にペップを入れ、ワイヤーで留める。
3. 残りの水引と、お好みのヘアコーム金具を結んで完成。

ブローチ
バッグチャームなど

心に残る大切な日。お洋服やバッグにつけてみてはいかがでしょう?

抜き梅のバッグチャーム

【材料】
水引
ピンク／ 90㎝×６筋
白／ 90㎝×１筋
革ひも（長さ 40㎝）

1. ピンクの水引6筋の中央に、白の水引1筋をはさんで、7筋の抜き梅（p.12）を作る。
2. 残った水引は切り、ボンドで留める。
3. お好みのひもやバッグチャームチェーンを付けて完成。

亀の子結びのバッグチャーム

【材料】
水引
銀／ 90㎝×３筋
グレー／ 90㎝×２筋
青／ 90㎝×２筋

ワイヤー
金／ 28 番

丸カン（１個）
バッグチャームチェーン（長さ 15㎝／１個）

1. 銀の水引3筋と、グレーと青の水引2筋ずつ4筋、計7筋で亀の子結び（p.13）をする。
2. 残った水引は、丸くなるように裏側で重ねて、表から見えないように1カ所ワイヤーで留める。余りは切る。
3. 丸カン１個でバッグチャームチェーンを付けて完成。

桃のタックピン

【材料】

水引

ピンク／45cm×5筋

黄／90cm×1筋

ワイヤー

金／28番

フローラテープ／白

シャワー付きタックピン金具（長さ2cm／1個）

1. ピンクの水引5筋で桃（p.28）を作る。
2. 裏側のワイヤーで留めたところを、フローラテープで巻く。
3. 裏側に、シャワー付きタックピン金具をワイヤーで留めて完成。

シルバーの水引で、男女問わずエレガントな装いに合わせても。

ふくろうのブローチ

【材料】

水引

茶／90cm×3筋

白金／90cm×4筋

ベージュ／30cm×1筋

黒／15cm×2筋

オレンジ／3cm×2筋

ブローチピン金具（長さ2cm／1個）

1. 茶・白金・ベージュの水引でふくろう（p.41）を作る。
2. 目は黒の水引であわび結び（p.9）をする。周りをオレンジの水引で囲み、ボンドで留める。
3. 裏側に瞬間接着剤を使って、お好みのブローチピン金具を付けて完成。

籠（かご）

アクセサリーやお菓子入れにどうぞ！

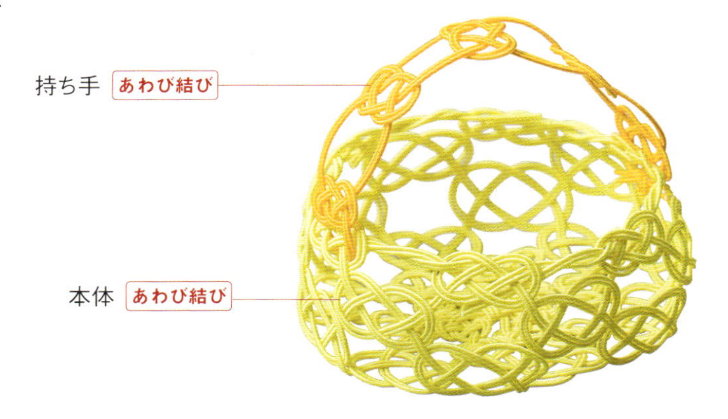

【材料】
水引
レモン色／90㎝×12筋
黄／90㎝×2筋

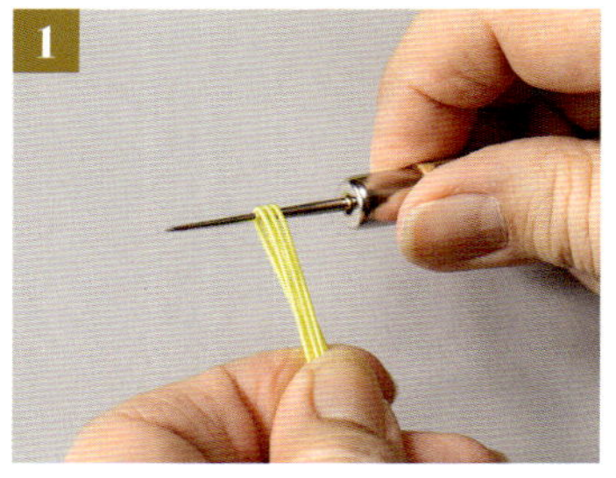
1 レモン色の水引90㎝ 3筋を半分に折る。同じものを4つ作る。

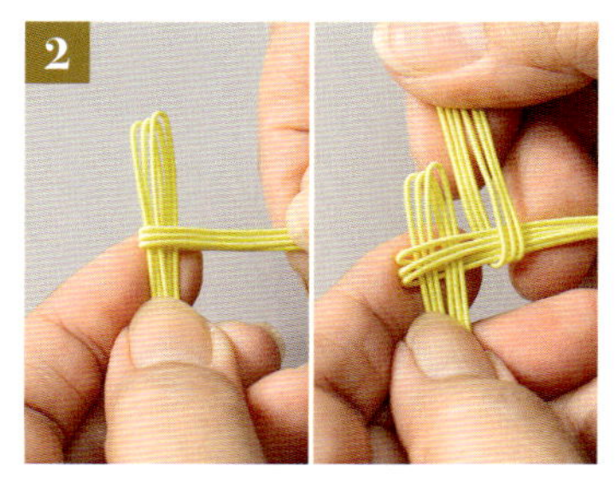
2 4つを井桁になるように組む。

3 しっかりと締める。

4 隣どうしの2筋ずつで、あわび結び（p.9）をする。最初に違う場所から出ている隣どうしで組む。

5 1つ結び終わったところ。

6 時計回りに、2筋ずつのあわび結びをする。これをくり返す。

7 1段目のあわび結びを結び終わったところ。

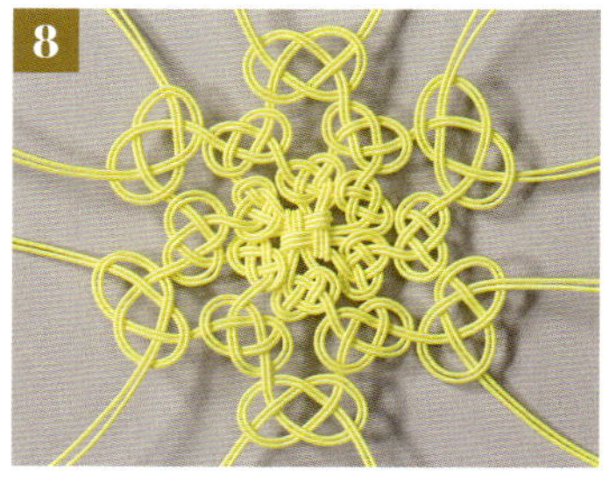
8 2段目、3段目と、あわび結びを少しずつ大きく結びながら、籠の底を作っていく。

9 4段目で、立ち上がるようにあわび結びをする。

いろいろな色で楽しみましょう！

Color Variation

30年ほど前に考えたデザインです。プレゼントすると、とても喜ばれます。たくさんの色がある水引ならではの色の組み合わせを楽しんでください。

4段目、5段目、6段目と、今度はあわび結びを少しずつ小さく結んでいく。

6段目まで組めたら、4cmくらい残して水引を切る。

残りの4cmを、また隣どうしで結ぶ。

結んでさらに残った水引は、6段目のあわび結びの輪に通して、からめていく。籠の本体が完成。

次に、持ち手を作る。黄の水引90cm 2筋を、あわび結びの輪に内側から通し、あわび結びをする。

間隔を空け、「連続あわび結び」をする。あわび結びと逆あわび結び（p.72の３参照）を交互に結ぶ。

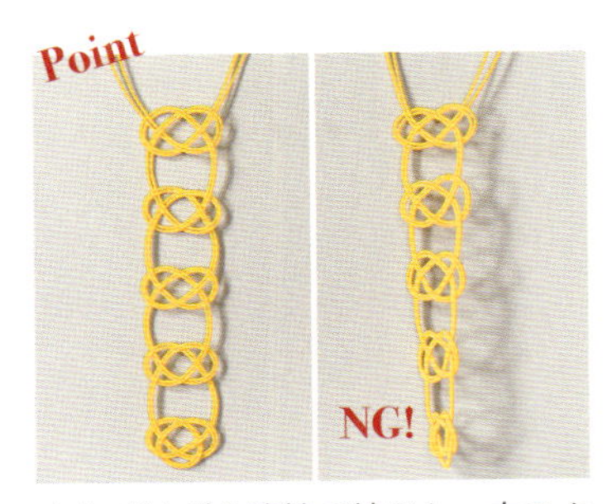

あわび結びを連続で結ぶと、右のようにねじれる。左はあわび結びと逆あわび結びを交互に結んだもの。

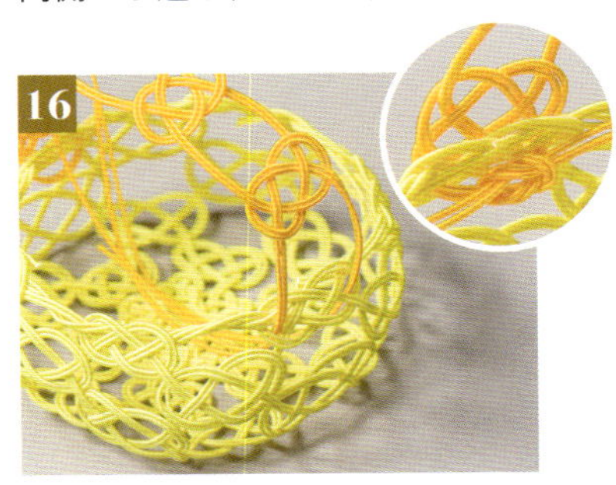

連続あわび結びを5つ作ったら、本体のあわび結びの外側から余りの水引を入れて、結んで留める。

残った水引を切り、形を整えて完成。

栞(しおり)

栞も水引で作れば、
とっておきのアイテムに！

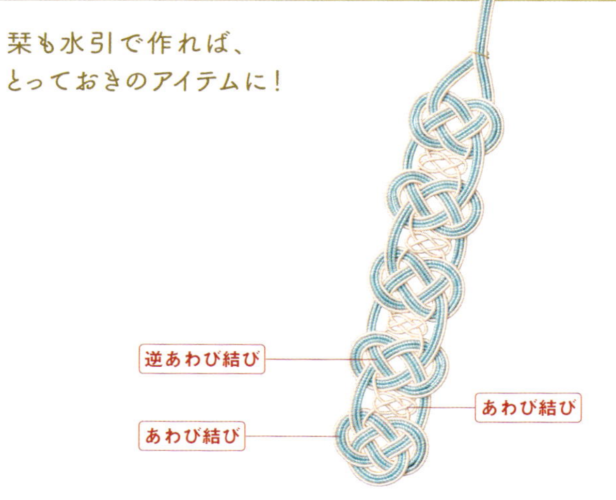

【材料】
水引
水色／ 90cm× 2 筋
ピンク／ 90cm× 2 筋
ワイヤー
金／ 28 番

1 90cmの水色の水引2筋と、ピンクの水引2筋で、あわび結び（p.9）をする。

2 内側のピンクの水引1筋で、あわび結びをする。

3 2段目は、残りの4筋ずつで「逆あわび結び」をする。あわび結びと反対に、Aを上にして輪を作る。

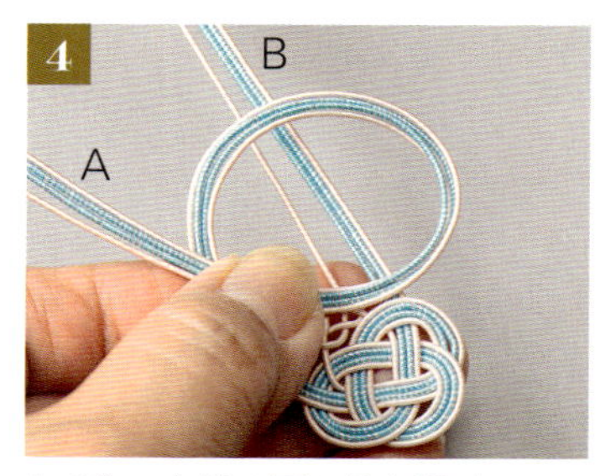

4 3で作った輪の下にBを置く。

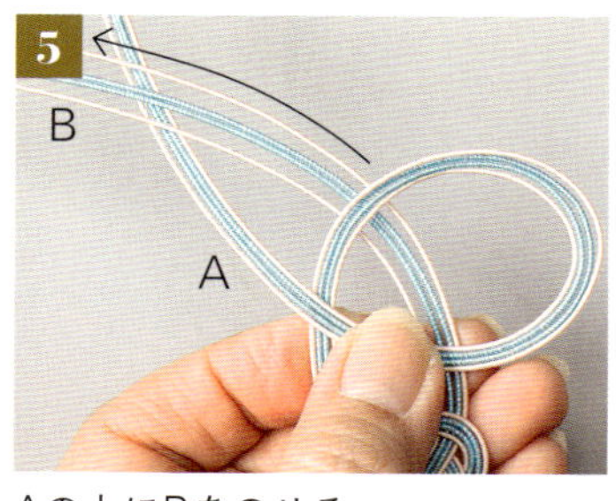

5 Aの上にBをのせる。

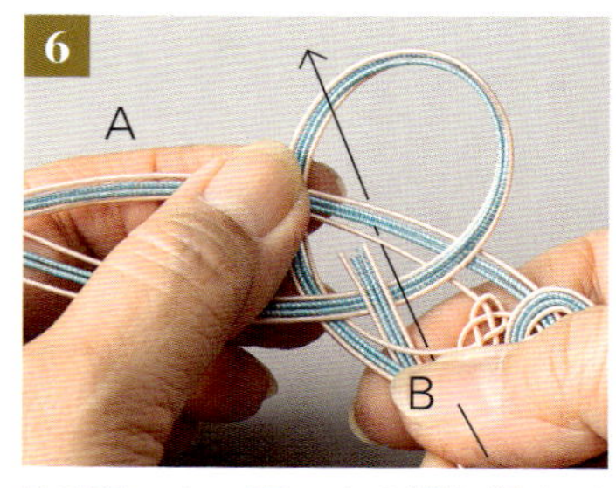

6 Bで下→上→下→上の順に通していく。

7 あわび結びと逆あわび結びを交互に結び、その間に1筋のあわび結びを作っていく。

8 5段組み上がったところで水引をクロスさせて、ワイヤーで留める。

9 後ろの水引は切り、前の水引をまっすぐにして、先をナナメに切り、そこにボンドをつけて完成。

トリビアFile No.2

伝統の亀

人気の銭亀ですが、本物のゼニガメは、甲羅が丸い「銭」の形に似ているので名付けられたといわれています。亀には伝統的な結び方がいくつもあり、「Part1 基本の水引」でご紹介した亀もその一つ。縁起物として飾りたい方は、頭を3筋、甲羅を5筋で大きく作ってみてください。

銭亀

金運アップなら、このラッキーアイテム。

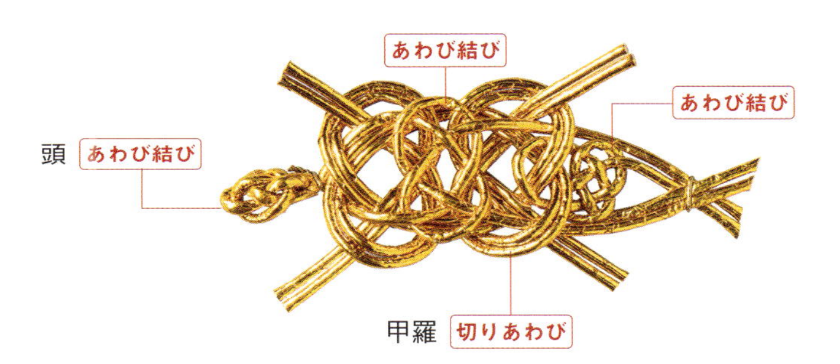

【材料】

水引
金／ 90㎝×２筋

ワイヤー
金／ 28番

1 金の水引30㎝ 2筋で、切りあわび（p.16参照）を2段作る。

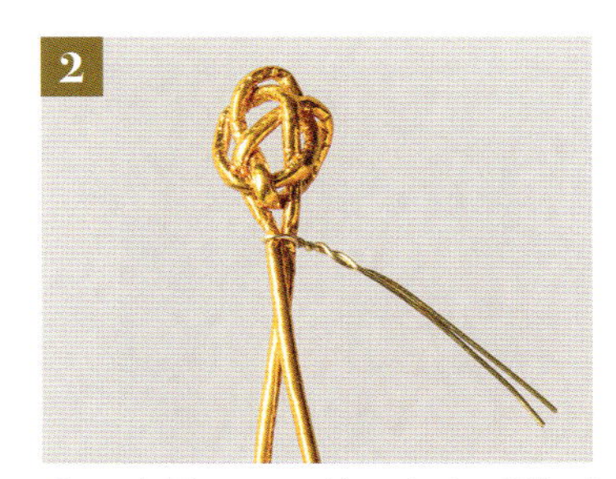

2 金の水引30㎝ 1筋であわび結び（p.9）をして、丸めるようにしてワイヤーで留め、頭を作る。

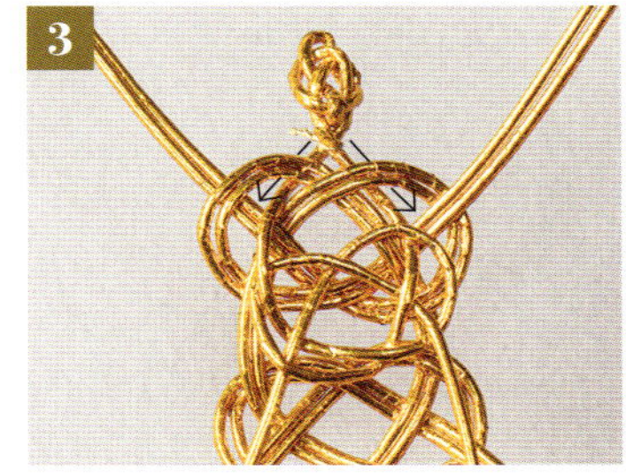

3 上段の切りあわびに、2で作った頭の2筋を入れ、あわび結びをする。

4 さらに、3で作ったあわび結びの残りの2筋の水引を、下段の切りあわびの中に入れる。

5 4で入れた同じ場所に、別の金の水引20㎝ 1筋を入れ、あわび結びをする。

6 4と5の2筋の水引をクロスさせ、ワイヤーで留める。前足、後ろ足、尾の余分な水引を切って完成。

Part 6

想いを折る、伝える

かつては家庭で手作りした
祝儀包み、誕生を祝う水引飾り。
お金を包む内包みにも
吉と凶があります。
慶びやお悔やみを伝えたいとき、
心を込めて
手作りしてはいかがでしょう。

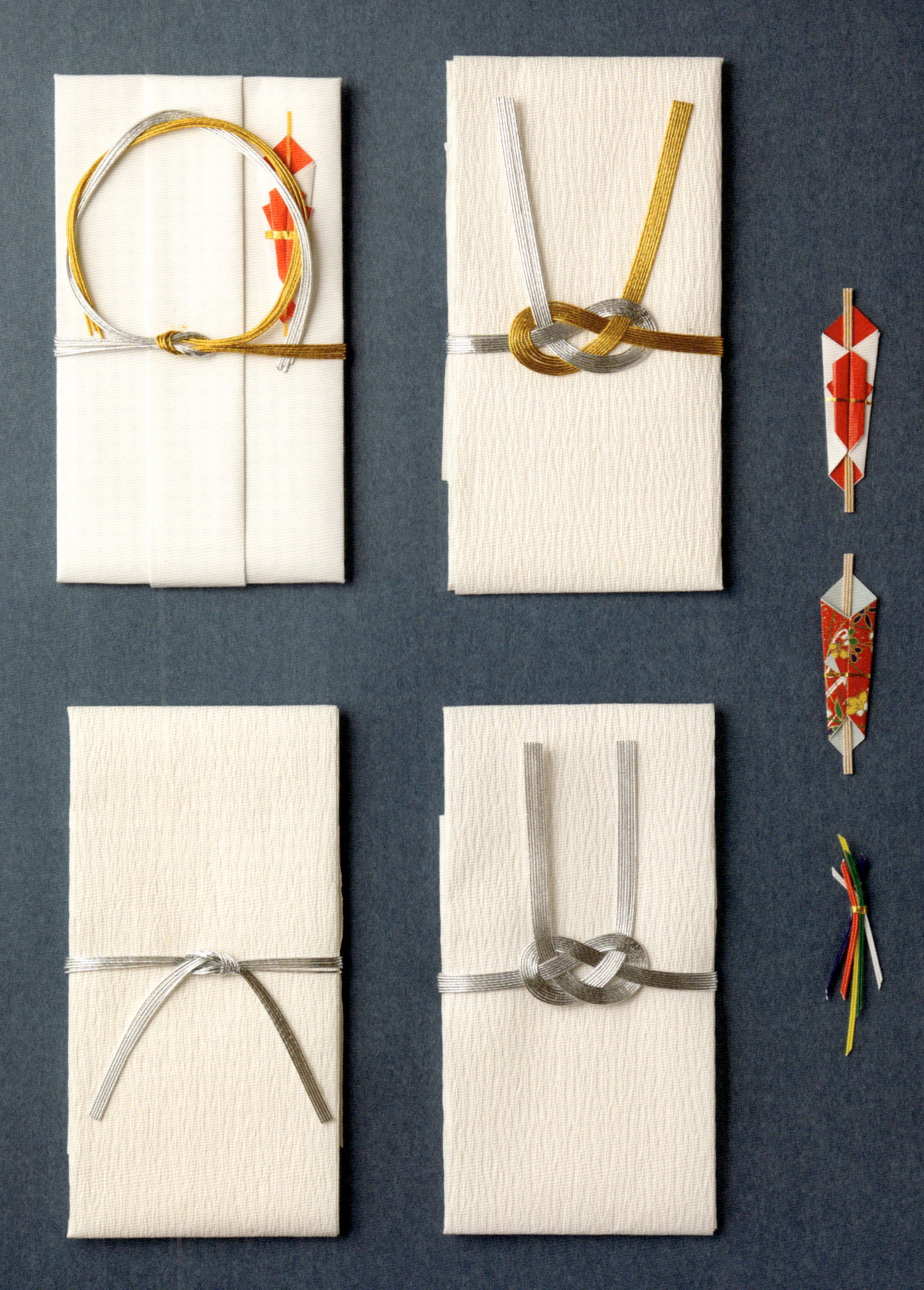

左の鏡結びは伝統的な結びで、略式の命名書の飾りに、右の桃結びは、名前を書いた紙を奉書で包んだ正式な命名書の飾りにしています。

作り方◎
鏡結び…77 ページ、桃結び…78 ページ

オリジナルデザインの桃結びを、立体的にアレンジした作品です。水引を少しずつずらして広げることで、桃の曲線を表現しています。

作り方◎桃飾り…79 ページ

作り方◎
こまのお年玉袋…92 ページ
心付け…93 ページ
鶴のお年玉袋…90 ページ

前ページ作品作り方◎
熨斗付き祝儀包み…87 ページ
正式祝儀包み…86 ページ
祝儀包み…85 ページ
雄熨斗…80 ページ
正式不祝儀包み…88 ページ
不祝儀包み…89 ページ
雌熨斗…81 ページ
五色の水引おび…84 ページ

鏡結び

女の子の誕生祝いに。
鏡のフチの色はお好みで。

【材料】

水引
銀／ 90cm× 5 筋
ピンク／ 90cm× 2 筋
青／ 90cm× 1 筋
赤／ 90cm× 2 筋
金／ 45cm× 1 筋

ワイヤー
金／ 28 番

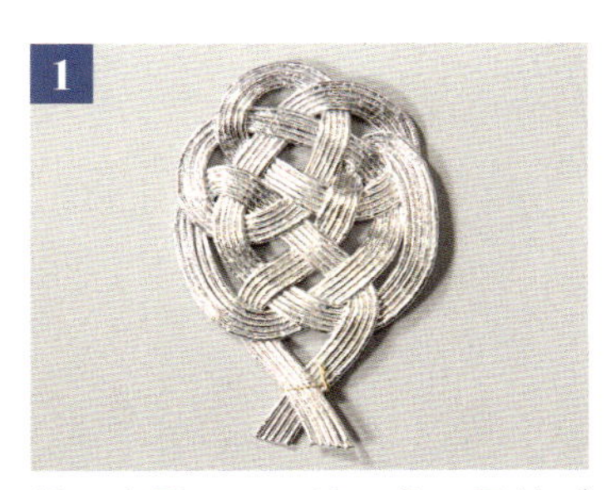

1 銀の水引90cm 5筋で亀の子結び（p.13）をする。ワイヤーで留め、余った水引を切る。

2 30cmのピンクの水引2筋、青の水引1筋で、丸くなるように三つ編み（p.59）をする。

3 亀の子結びの周りに三つ編みをのせ、上下2カ所をワイヤーで留め、余分な水引を切る。

4 赤の水引20cm 7筋を半分に折り、折ったところをワイヤーで留め、3に取りつけ、下部分は切りそろえる。

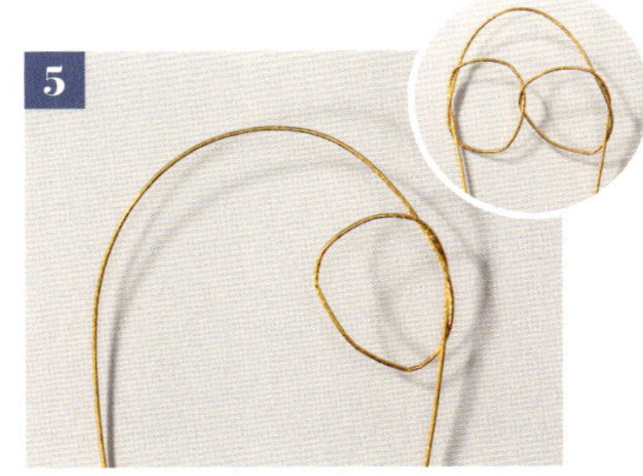

5 金の水引45cm 1筋で「あげまき結び」をする。まず、上のように、からませた2つの輪を作る。

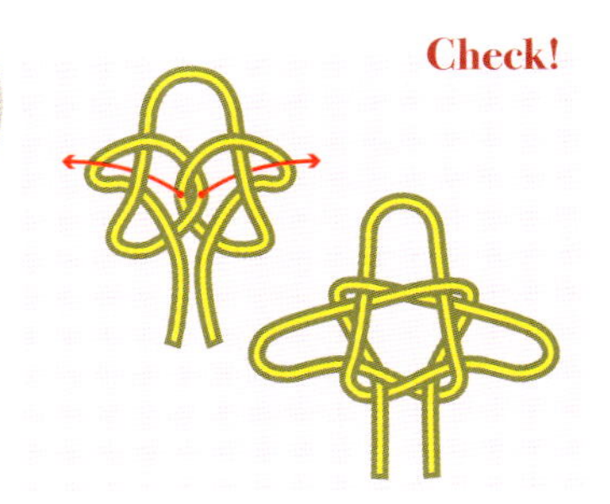

「あげまき結び」の結び方。

6 あげまき結びが完成。

7 ワイヤーで6を留める。

8 形を整えて完成。

桃結び

男の子の誕生祝いに。
お祝いの品に添えても。

【材料】
水引
ピンク／ 90cm×3筋
緑／ 90cm×3筋
ワイヤー
金／ 28番

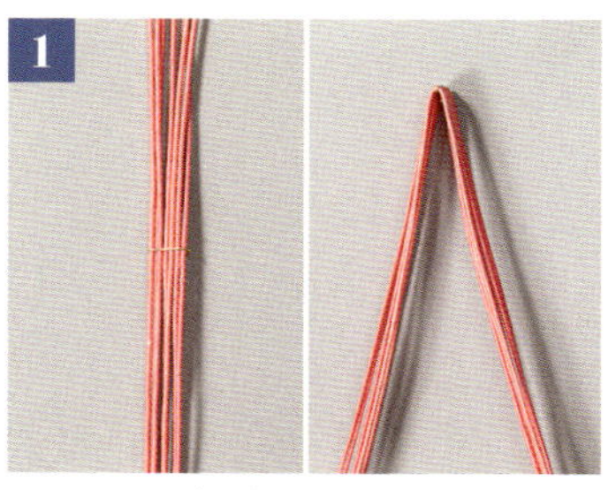

ピンクの水引30cm 7筋の真ん中をワイヤーで留め、半分に折る。

中心からふくらみをもたせるように曲げ、右の束を上にして持つ。

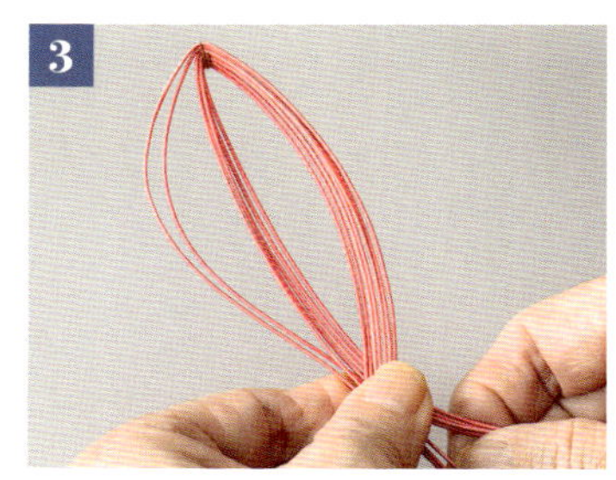

外側の水引から順に、3mmの間隔で広げていく。右側も左側と対称になるようにする。

指で押さえていたところをワイヤーで留める。

先をつまみ、桃の形にする。

緑の水引30cm 3筋の真ん中をワイヤーで留め、半分に折る。2～4と同様に、今度は葉を作る。

5と同様に先をつまみ、片側3筋を引く。左右対称のものをもう1つ作る。

5と7を上のように合わせて、別の緑の水引を巻いて、裏側で差し込んで留める。

バランスを見ながら、余分な水引を切って完成。

桃飾り

子どものすこやかな成長を願い、
五月五日の飾りに。

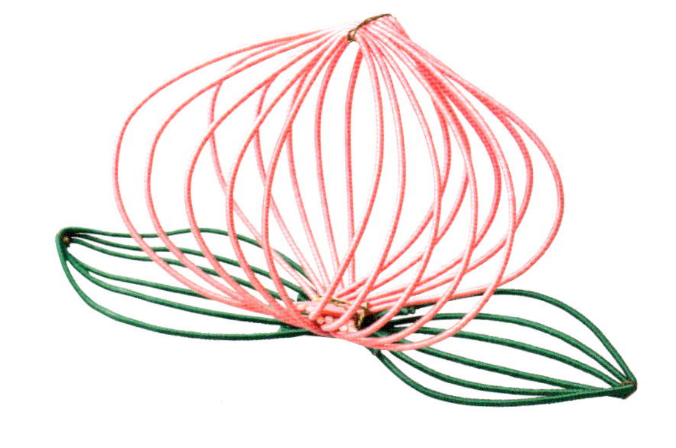

【材料】
水引
ピンク／ 90cm× 5 筋
緑／ 90cm× 1 筋
ワイヤー
金／ 28 番

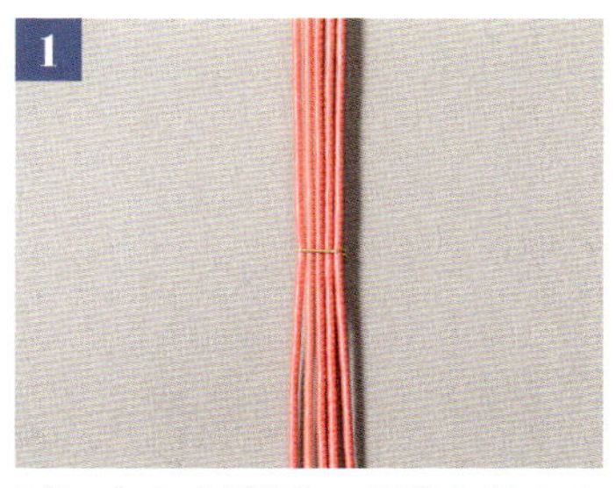

ピンクの水引30cm 5筋の真ん中をワイヤーで留める。同様のものをもう1つ作る。

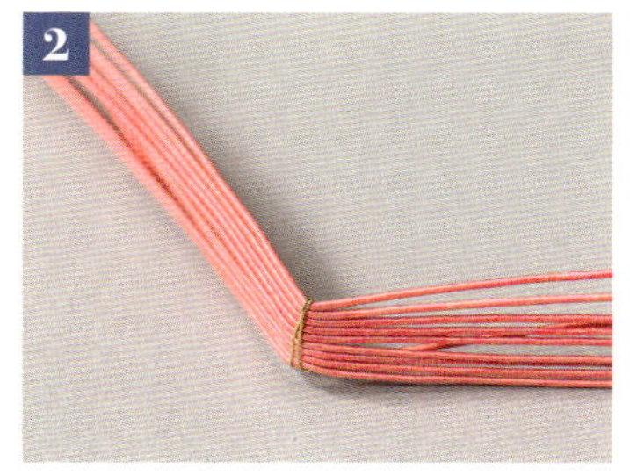

1で作った2つをヨコに並べて、真ん中をさらにワイヤーで留め、半分に折る。

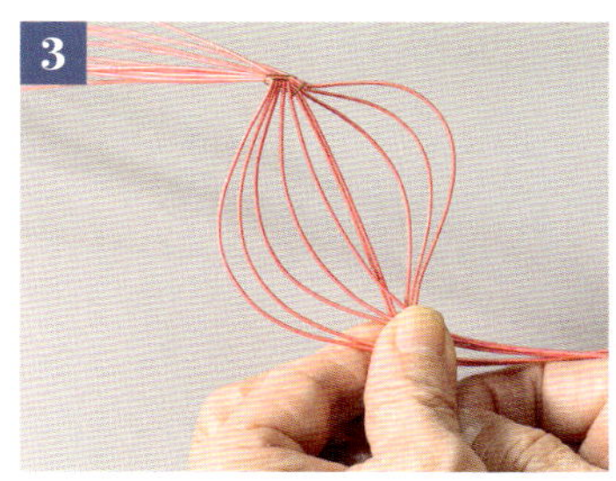

桃結びの2～4と同様に作り、ワイヤーで留める。

反対側も同様に作る。

向かい合うようにワイヤーで留め、余分な水引を切る。

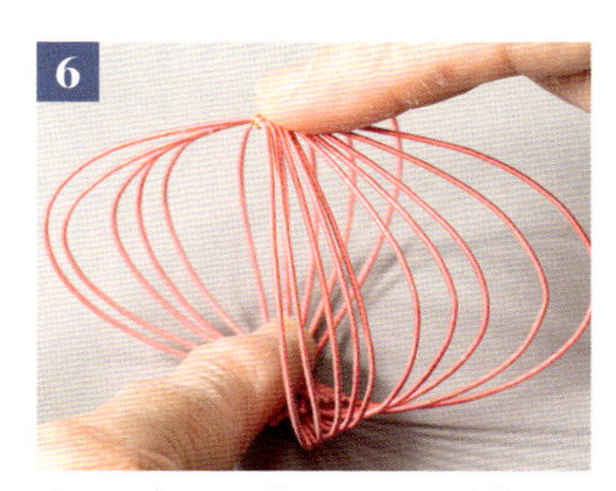

上から押し、桃のように形作る。

緑の水引15cm 3筋の真ん中をワイヤーで留めたものを2つ用意し、桃結びの6、7と同様に葉を作る。

向かい合わせて、さらにワイヤーで留め、余分な水引は切る。

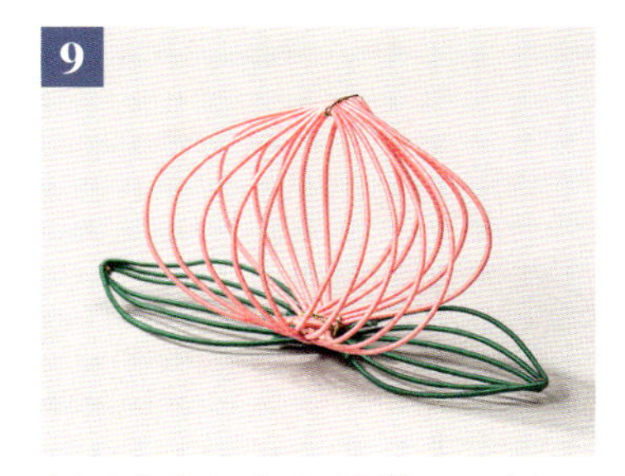

6と8を合わせて、裏側でワイヤーで留めて完成。

雄(お)熨(の)斗(し)

正式な熨斗で、
紅白が基本です。

【材料】
和紙（赤／5×5cm／1枚）
和紙（白／5×5cm／1枚）
金紙（2mm×3.5cm／1枚）

水引
金／8.5cm×3筋

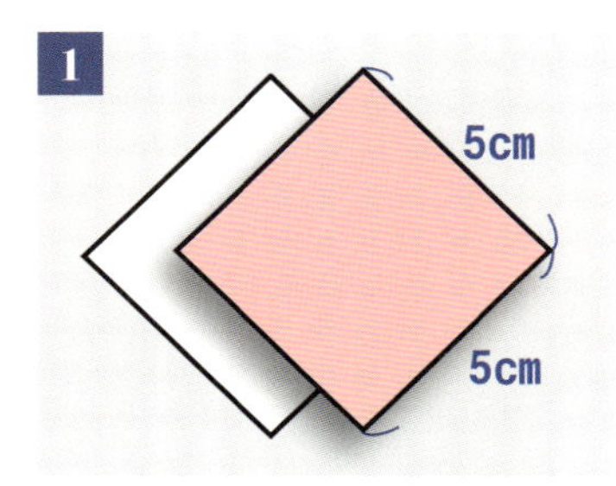

赤と白の5cmの正方形の和紙を、外表にずれないように重ねる。

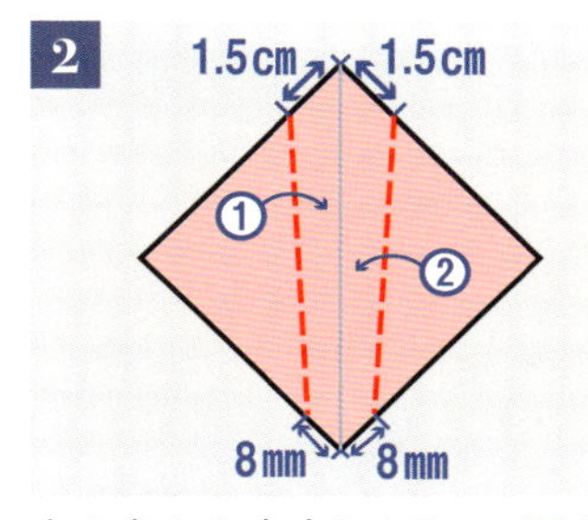

上の角から左右に1.5cm、下の角から8mmの位置に折り目をつける。

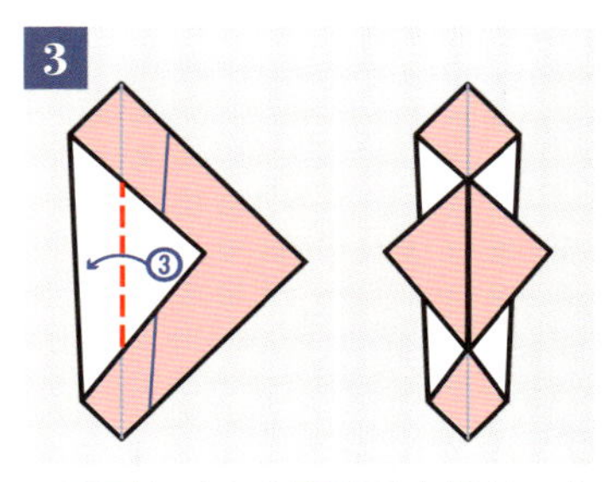

一度戻してから再度①を折り、中心で折り返す。右側も同様に折る。

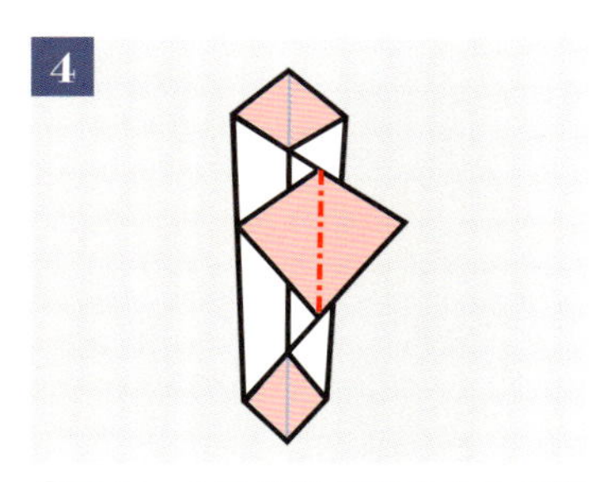

③で作った三角形の頂点を左の辺に合わせて、山折りする。

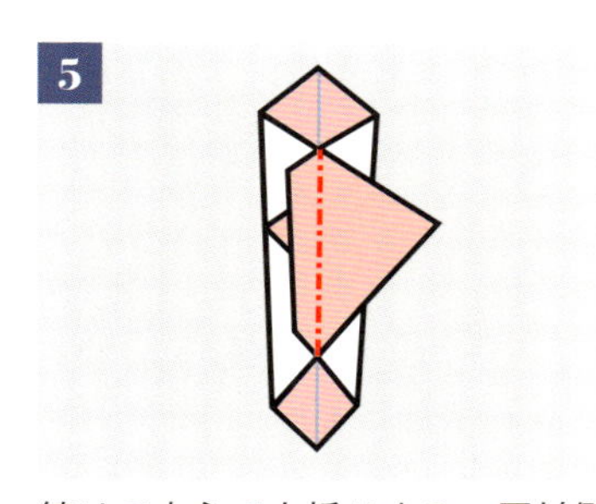

続けて中心で山折りする。反対側も同様に折る。

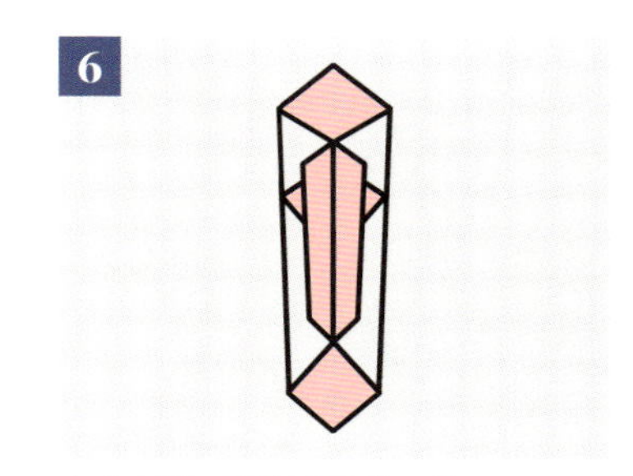

左右対称の形が完成する。

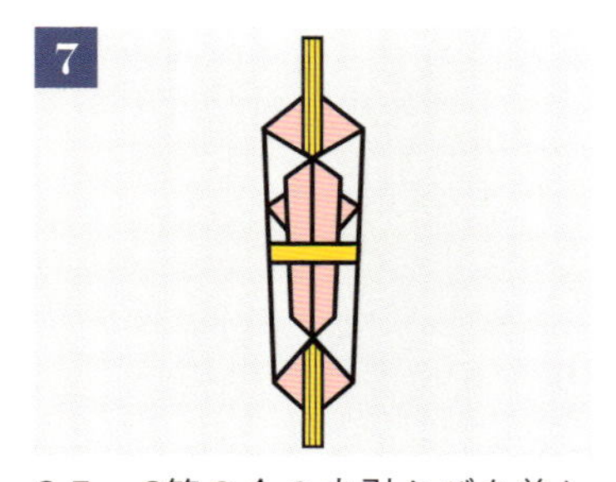

8.5cm 3筋の金の水引おびを差し入れ、金紙を巻く。

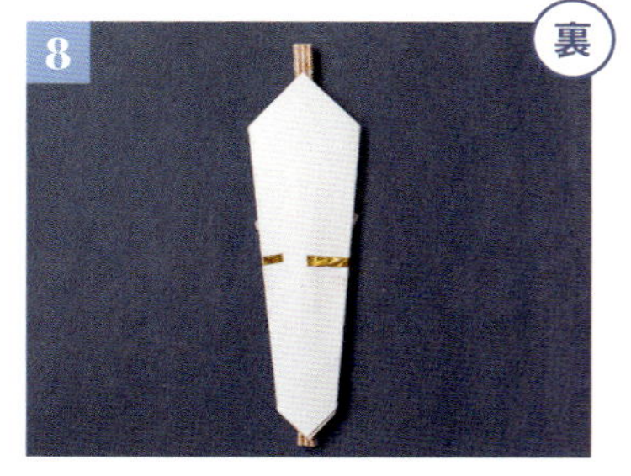

金紙は、後ろでボンドで留める。

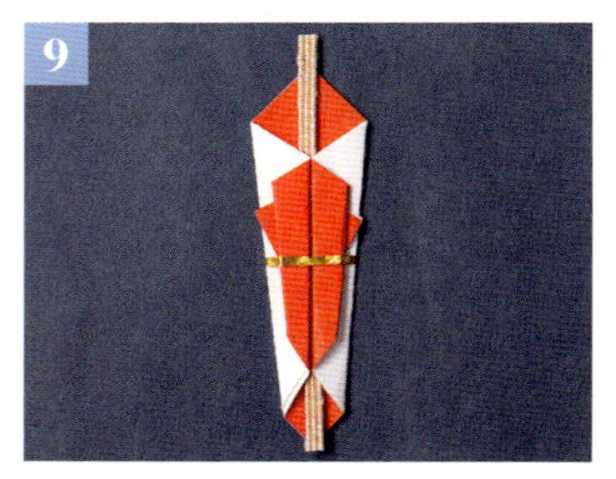

完成。

雌熨斗（めのし）

略式の熨斗で、
使う紙に決まりはありません。

【材料】
和紙（柄つき／５×5㎝／１枚）
和紙（無地／５×5㎝／１枚）
金紙（2㎜×3.5㎝／１枚）

水引
金／8.5㎝×３筋

1

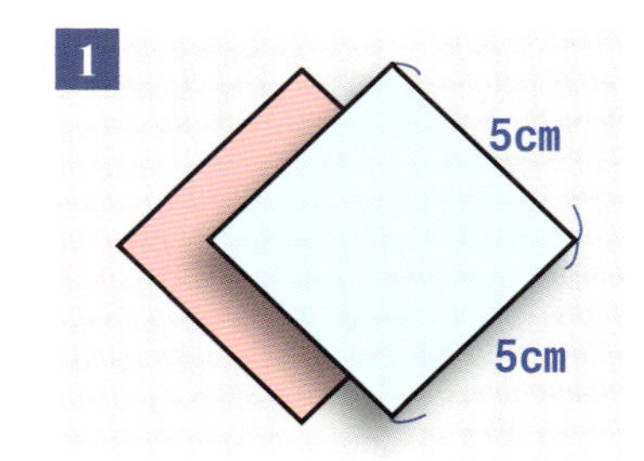

柄つきと無地の5㎝の正方形の和紙を、外表にずれないように重ねる。

2

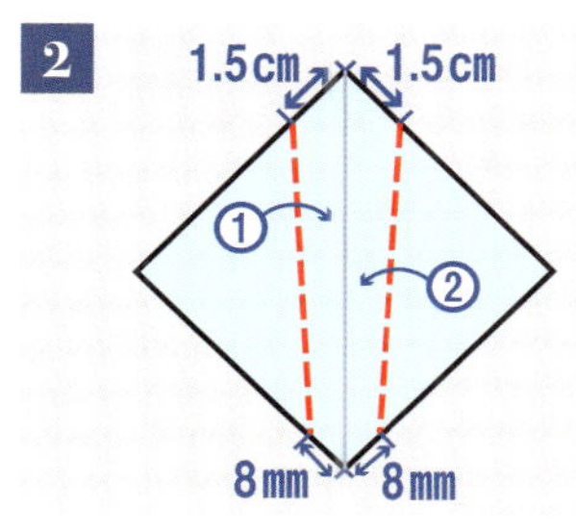

上の角から左右に1.5㎝、下の角から8㎜の位置に折り目をつける。

3

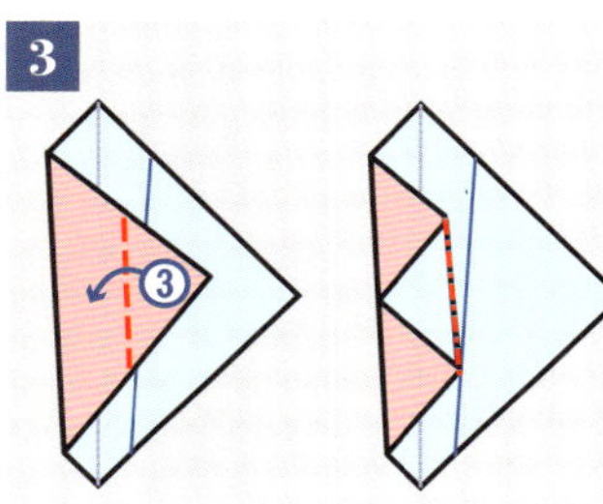

一度戻してから再度①を折り、三角形の頂点を左の辺に合わせて、山折りする。

4

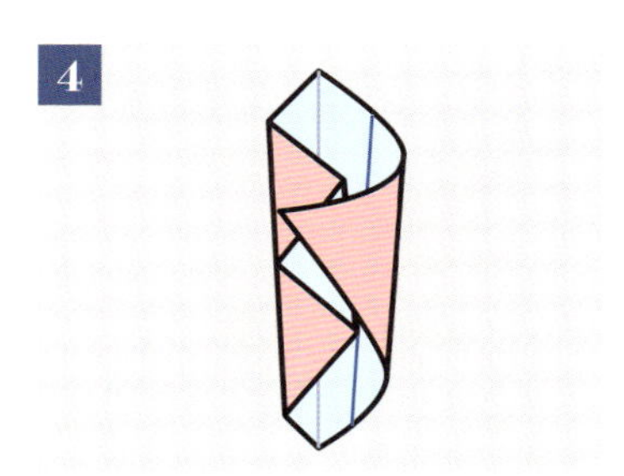

3で折った三角より、少し上になるように、右側の位置を決める。

5

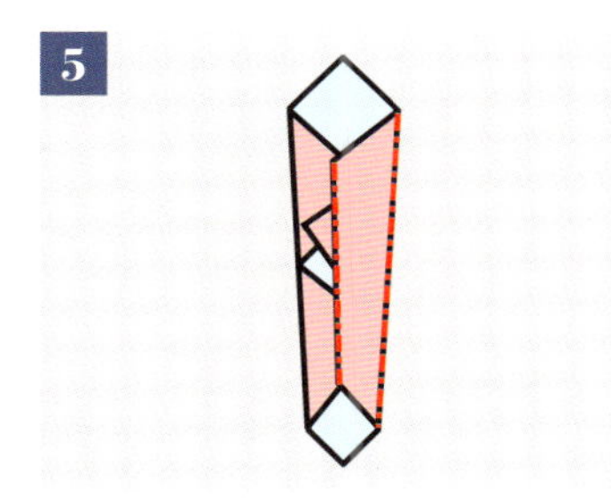

残りを中心で折る。上のような形が完成する。

6

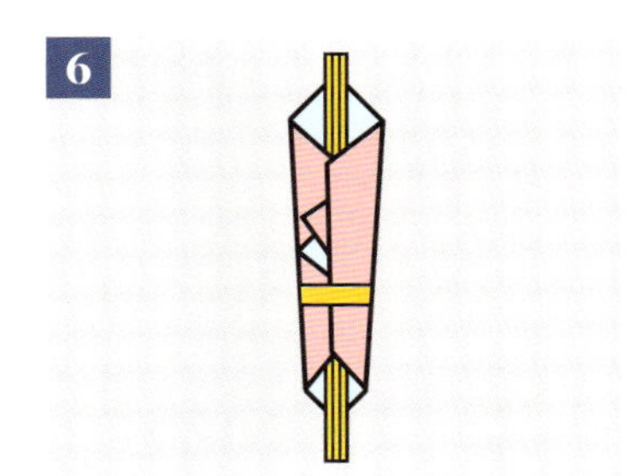

8.5㎝ 3筋の金の水引おびを差し入れ、金紙を巻く。

7

金紙を後ろでボンドで留めて完成。

トリビア File No.3

熨斗とは？

本来は「熨斗鮑（のしあわび）」といい、あわびを薄く切り、のばして干したものを包みました。むかしもあわびは貴重品で、長寿の象徴でした。熨斗鮑は、神様へ捧げるものとされ、縁起物として贈答品に添えられるようになったそうです。

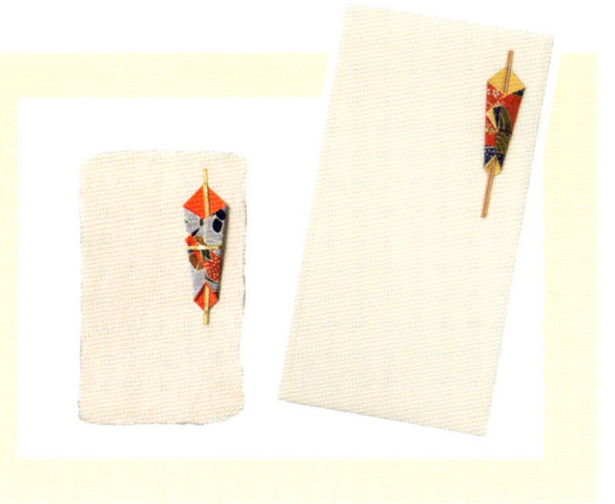

内包み（吉）

【材料】
半紙（約 24.2 × 33.3㎝）

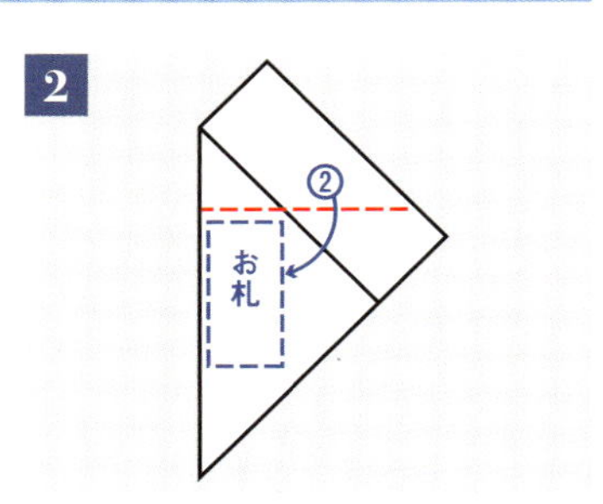

左上から三角形を作るように折る。

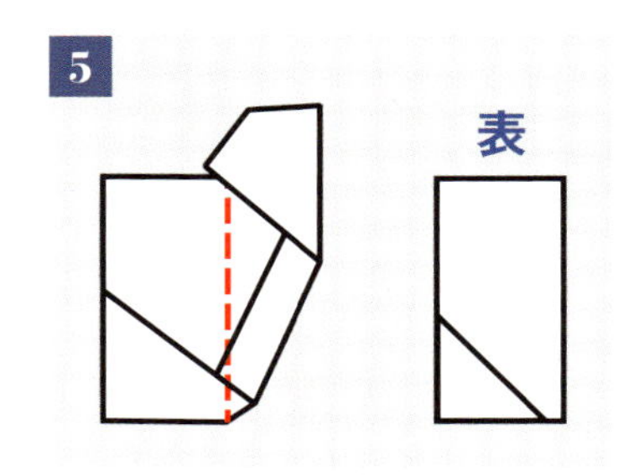

タテにして、内側にお札を置き、お札の上辺に合わせて、上から折る。

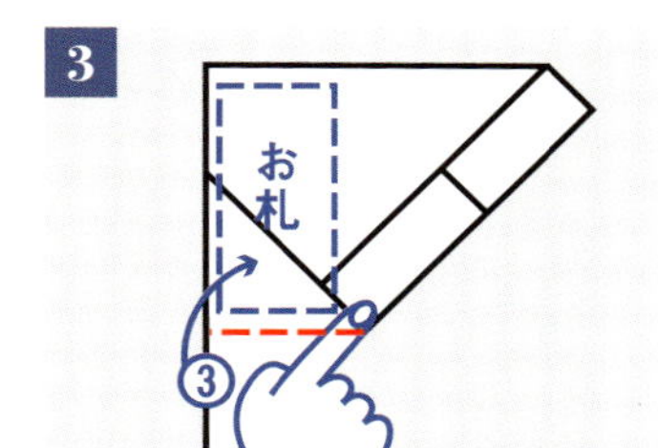

お札から指１本分空けた位置で、下からつき合わせになるように折る。

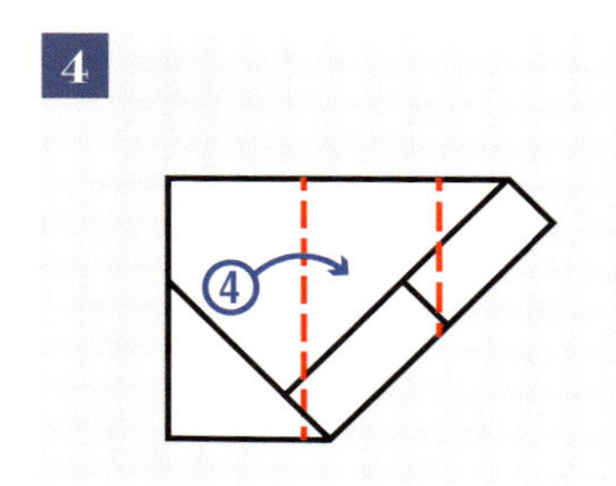

お札を入れたまま、右に折っていく。

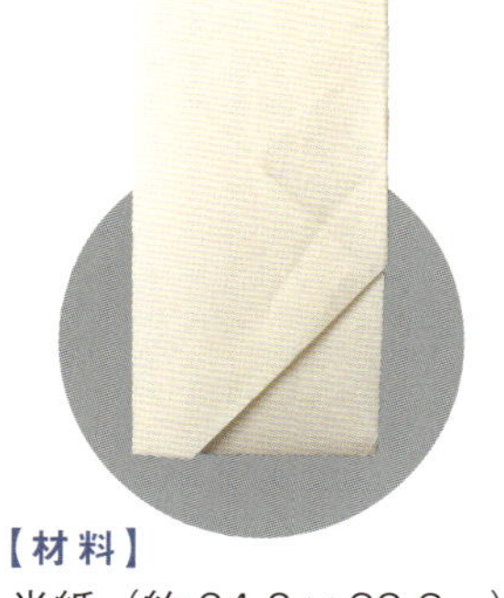

完成。

内包み（凶）

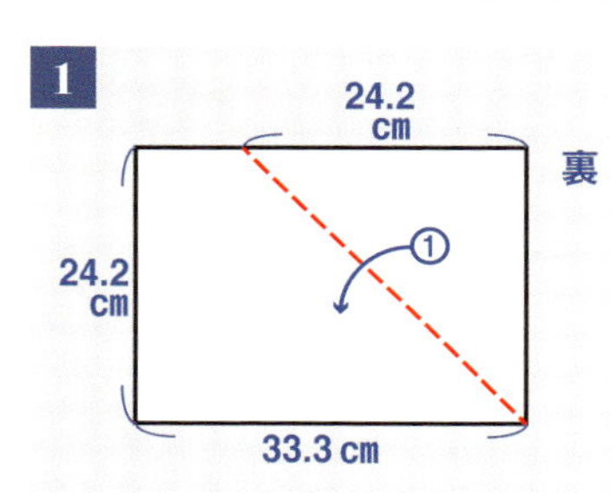

【材料】
半紙（約 24.2 × 33.3㎝）

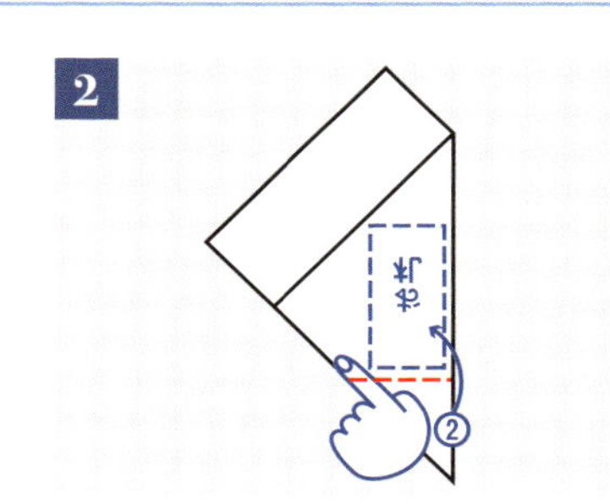

右上から三角形を作るように折る。

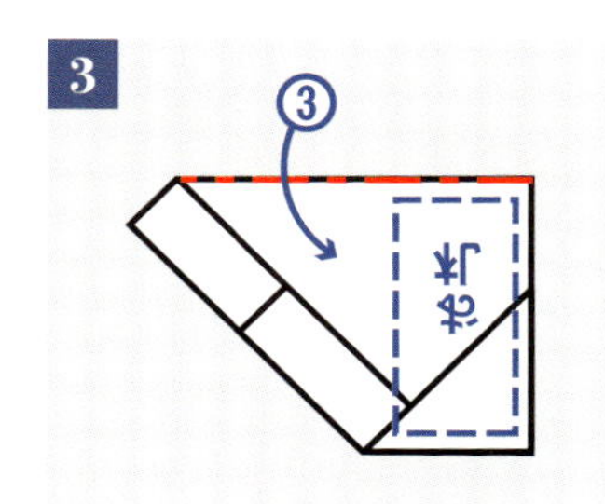

タテにして、指1本分空けた位置に、お札（裏にし、肖像画の顔も下に）が入るように下から折る。

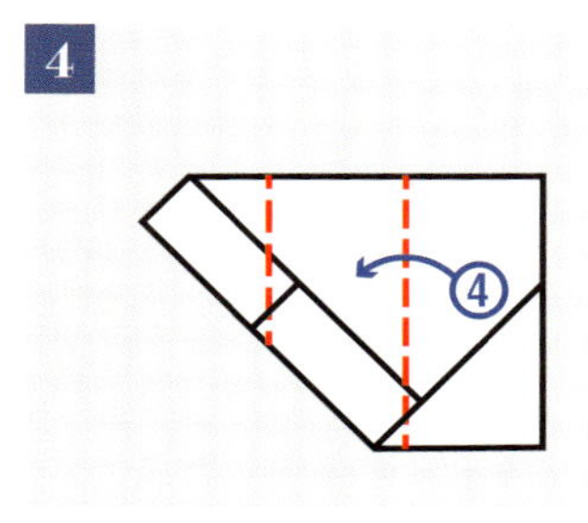

2で折った三角形に合わせて、上からつき合わせになるように折る。

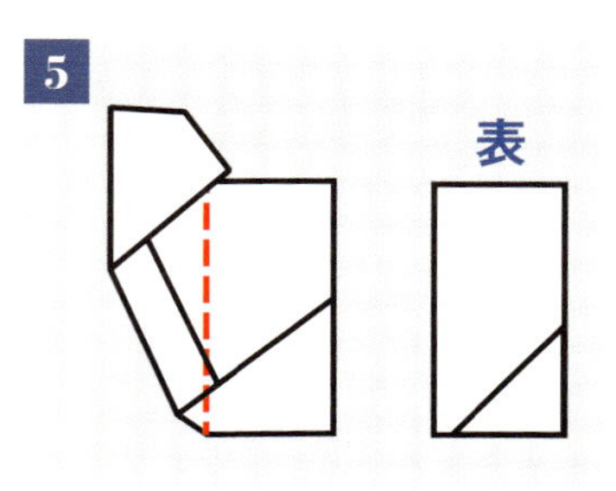

お札を入れたまま、左に折っていく。

完成。

略式祝儀包み

【材料】

新檀紙（約 39 × 25cm）

1

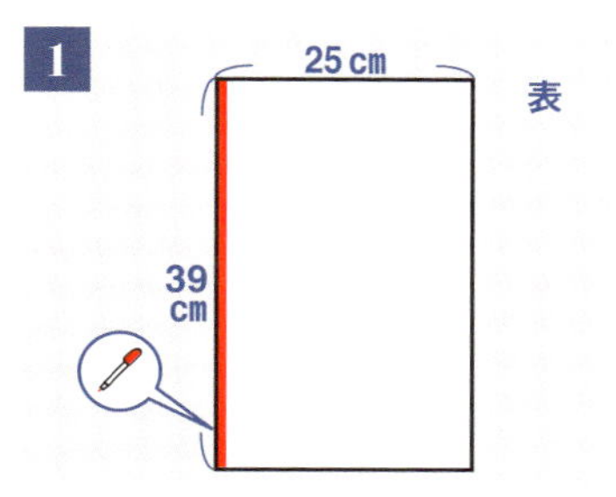

紙の左端に、赤の油性ペンで直線を引く。

2

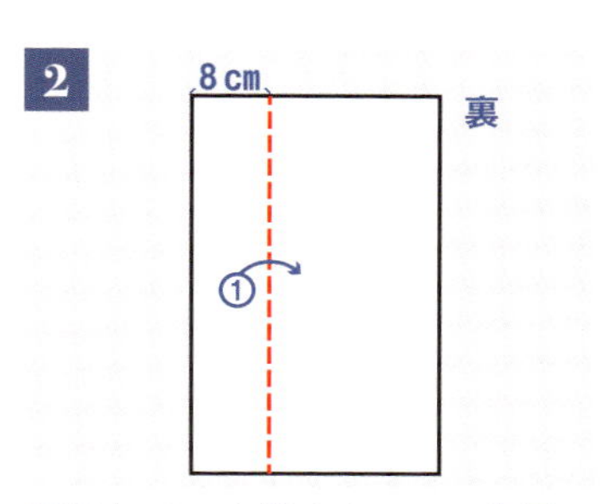

裏返して、左端から8cmの位置で折る。

3

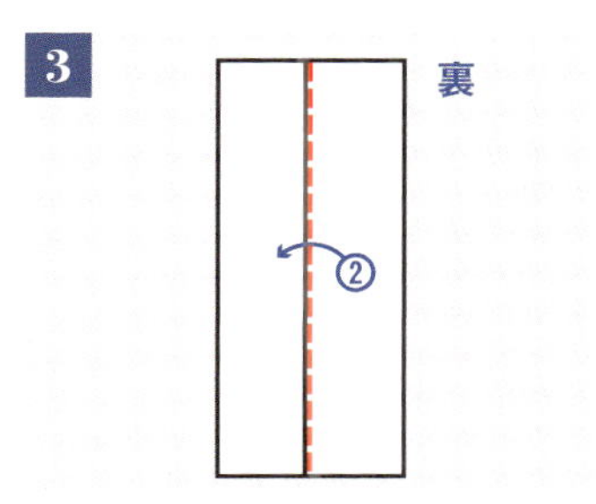

右端から、2の折り目より2mm手前で折る。

4

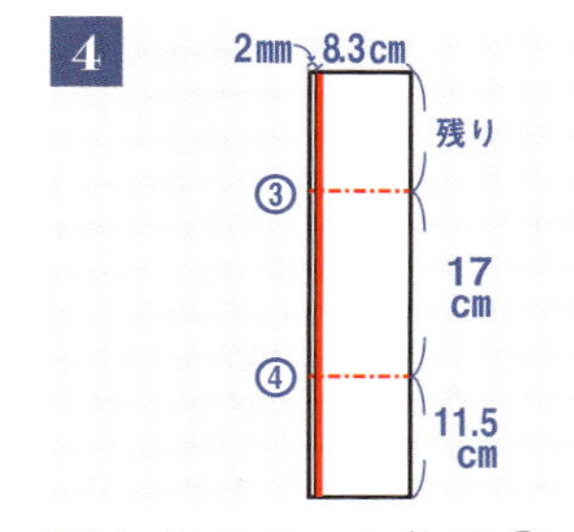

下から28.5cmの位置③で、後ろ側に上から折り、次に下から11.5cm④で折る。

5

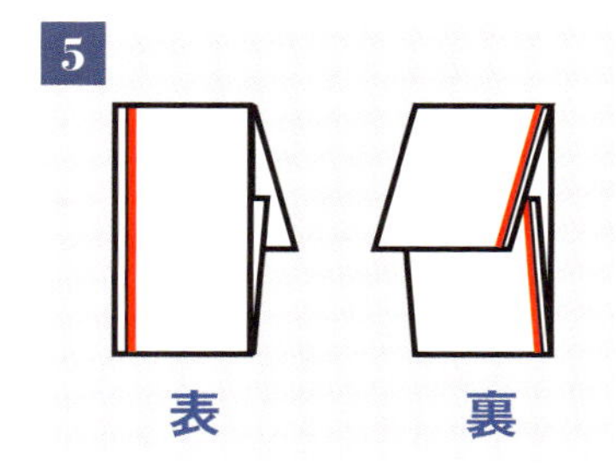

完成。後ろは上（天）が下（地）をおおう。

略式不祝儀包み

【材料】

新檀紙（約 39 × 25cm）

1

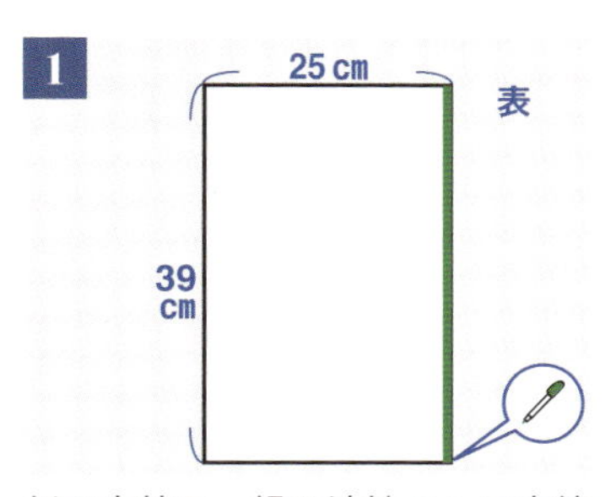

紙の右端に、緑の油性ペンで直線を引く。

2

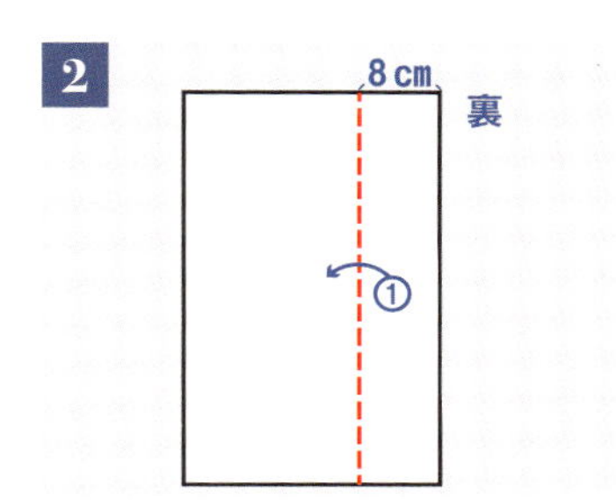

裏返して、右端から8cmの位置で折る。

3

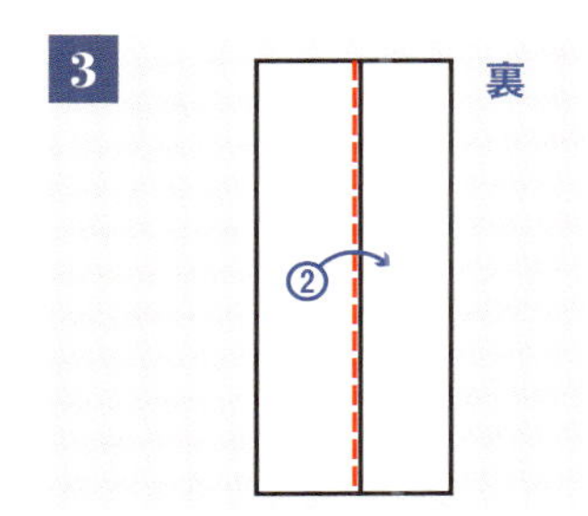

右端に合わせて折る。

4

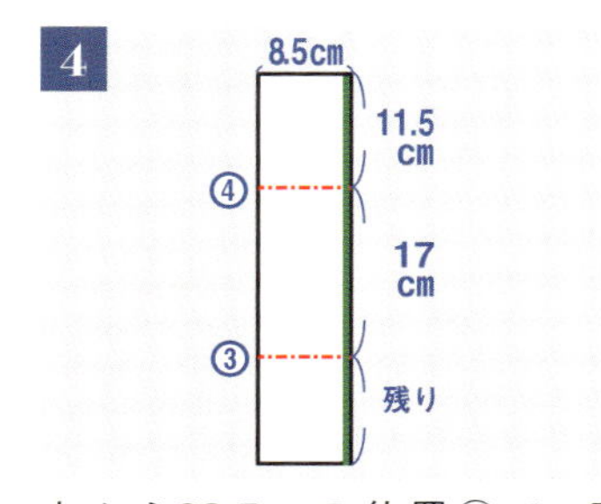

上から28.5cmの位置③で、下から後ろ側に折る。次に上から11.5cm④で折る。

5

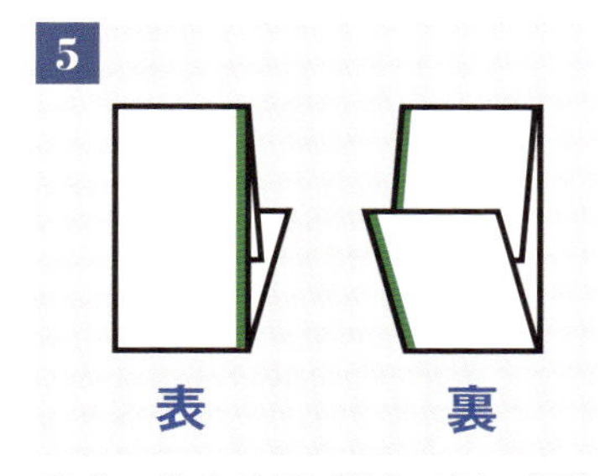

完成。後ろは下（地）が上（天）をおおう。

※和紙はメーカーによって、若干サイズに違いがあり、p.82 ～ 89 の材料に記載のサイズは目安です。

五色の略式祝儀包み

めでたい五色の水引がポイントです。

【材料】
新檀紙（約 39 × 27cm）
金紙（2mm× 1cm／ 1 枚）

水引
赤・白・黄・緑・紫／
各 10cm× 2 筋の水引おび

ワイヤー
金／ 28 番

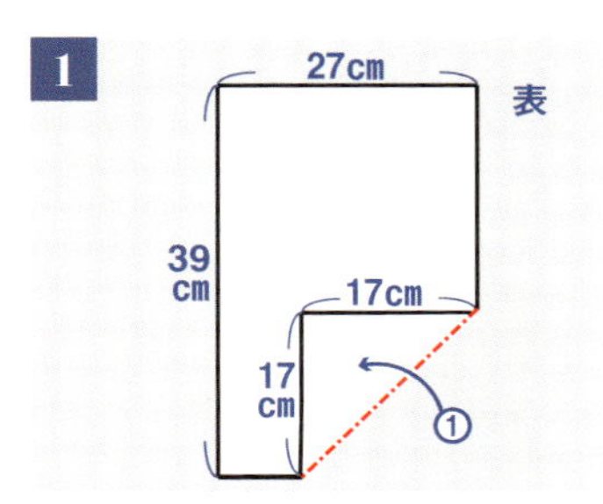

右下から17cmの位置で折る。

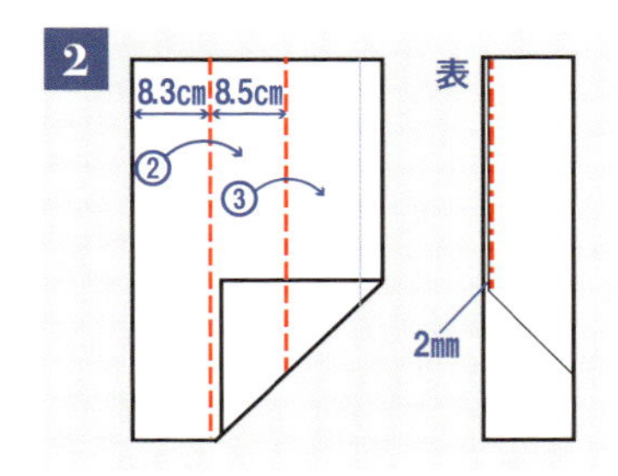

左端から8.3cm、さらにそこから8.5cmの位置で折る。表にし、残りが2mmのところで手前で折る。

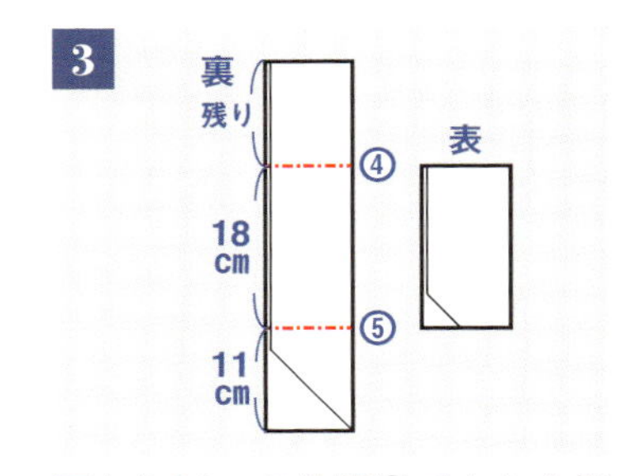

下から29cmの位置④で上から折り、次に下から11cm⑤で折る。

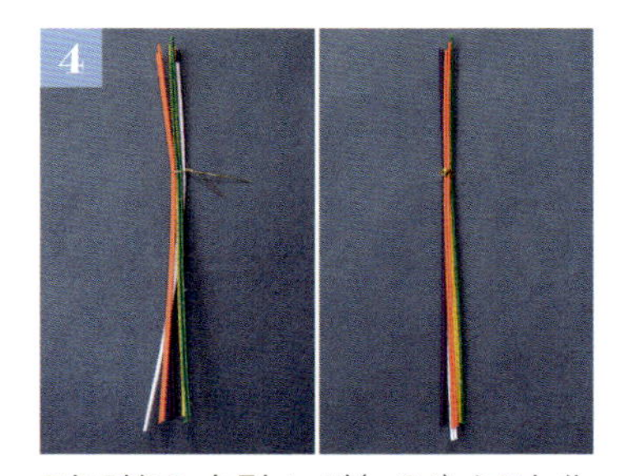

5色2筋の水引おび(p.24)を5本作り、ワイヤーで留める。その上に金紙にボンドをつけて巻く。

中央の黄の水引が一番長くなるように、長さと角度を変えながら、ナナメに切る。

祝儀包みに水引をボンドで留めて完成。

トリビア File No.4

福を呼び込む縁起物

縁起物の中でも、宝尽くしは喜ばれてきた意匠です。水引細工の宝船でご紹介しましょう。宝は、宝珠、宝塔、隠れ蓑、琵琶、軍配、打ち出の小槌、宝袋、杖、七宝、分銅、隠れ笠、丁子（ちょうじ）、小判、鍵、俵、束ね熨斗、珊瑚、鯛、鶴、亀、海老、松竹梅、寿の字など。丁子は香辛料のクローブのことですが、かつては金より高価だったとか。

宝尽くし（萌花の会合同作品）『水引折形作品集』より

祝儀包み

もっともオーソドックスな祝儀包みです。

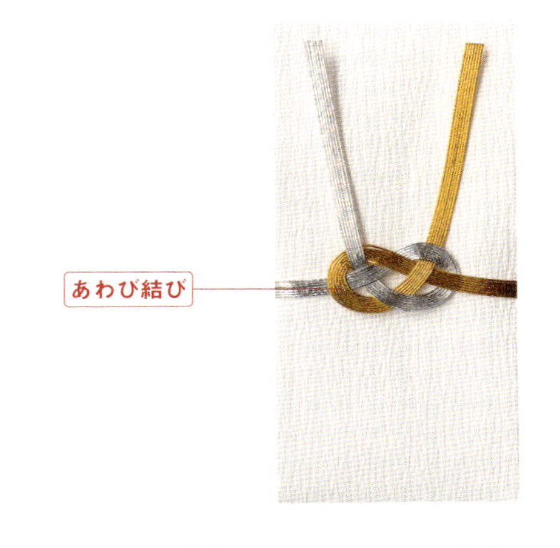

【材料】

檀紙（約53×39㎝）

水引

金銀水引／75㎝の7本付け

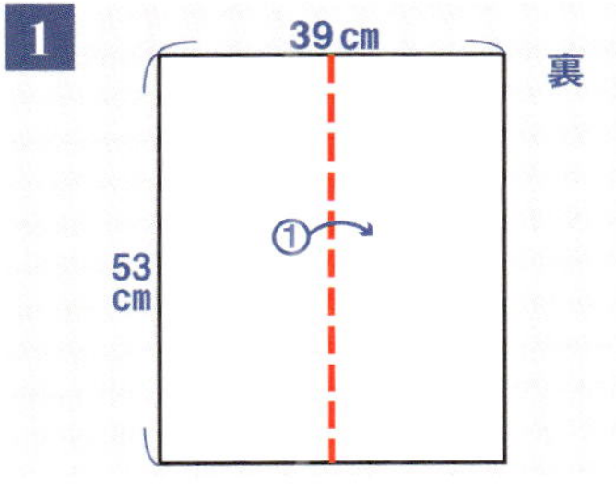

左から右へ、右端に2㎜残して半分に折る。

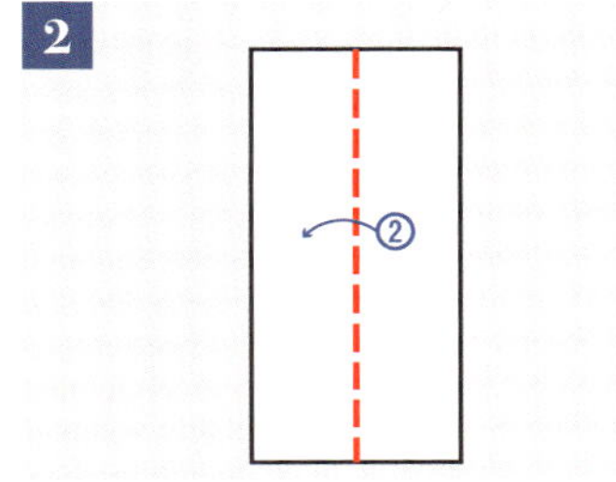

さらに、右から左へ、左端に2㎜残して半分に折る。

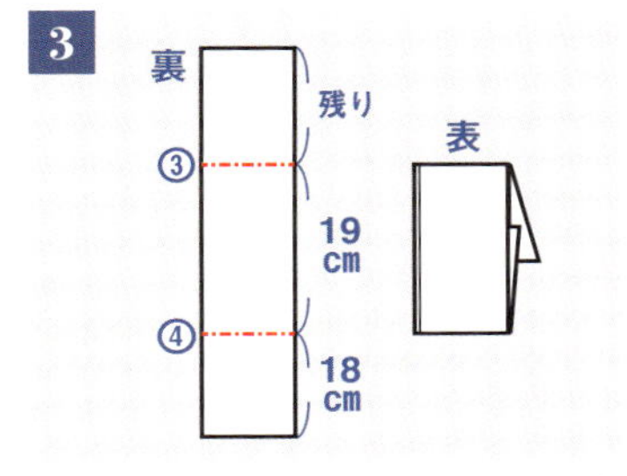

裏返して、下から37㎝の位置③で上から折る。次に下から18㎝④で折る。

金銀の75㎝ 7本付けの水引を、祝儀包みにかけ、しっかり折る。

4で大体の位置を確認したら、あわび結び（p.9）をする。

あわび結びを祝儀包みにかける。水引がまとまるよう、表側にテープを貼り、裏側にボンドをつける。

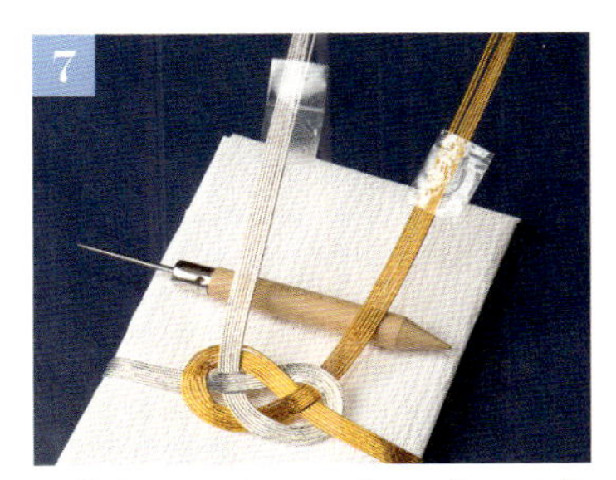

祝儀包みにボンドがつかないように、目打ちの柄などをはさんでおく。

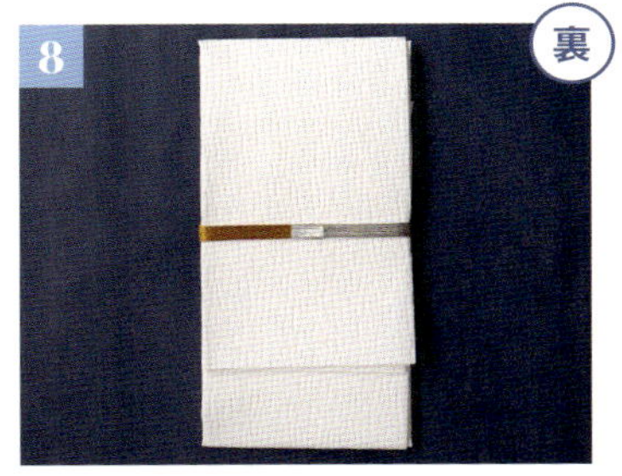

裏返したところ。上(天)が下(地)をおおう。

余分な水引を切って完成。

正式祝儀包み

和紙、水引、熨斗と三位一体で正式な形です。

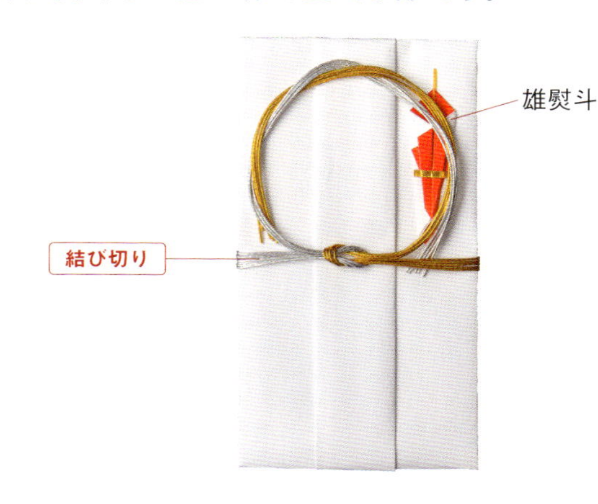

【材料】

奉書（約53×39㎝）

水引

金銀水引／75㎝の5本付け

雄熨斗

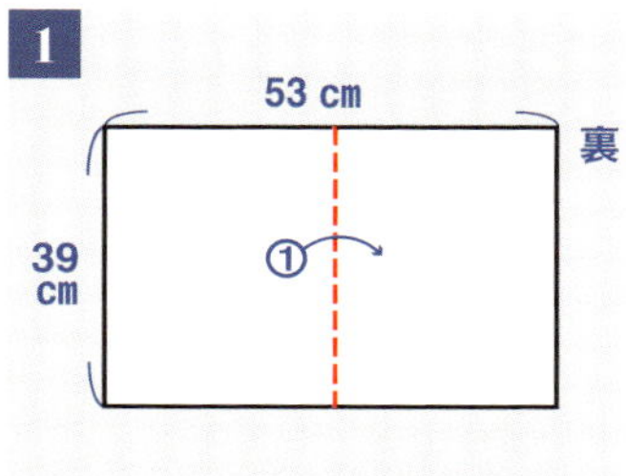

左から右へ、半分に折る。

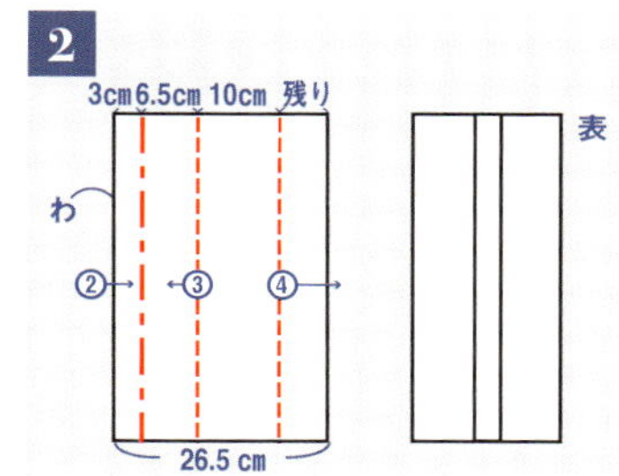

左端から3㎝の位置で折り、そこからさらに6.5㎝の位置で折り、さらに10㎝の位置で折り返す。

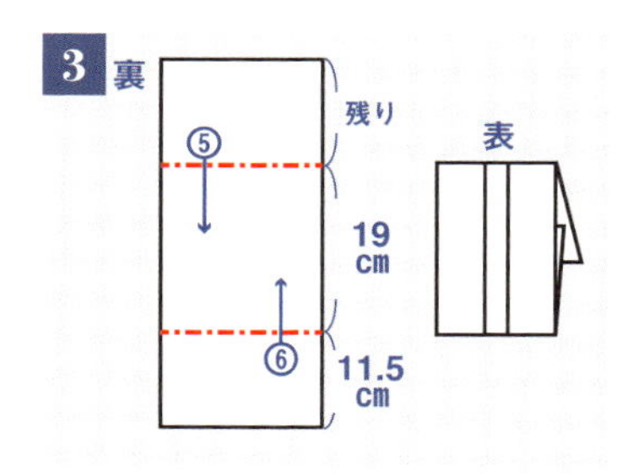

裏返して、下から30.5㎝の位置で上から折り、さらに下から11.5㎝の位置で折る。

金銀の75㎝ 5本付けの水引を、祝儀包みにかけ、しっかり折る。

銀が上になるように、十字にクロスさせる。

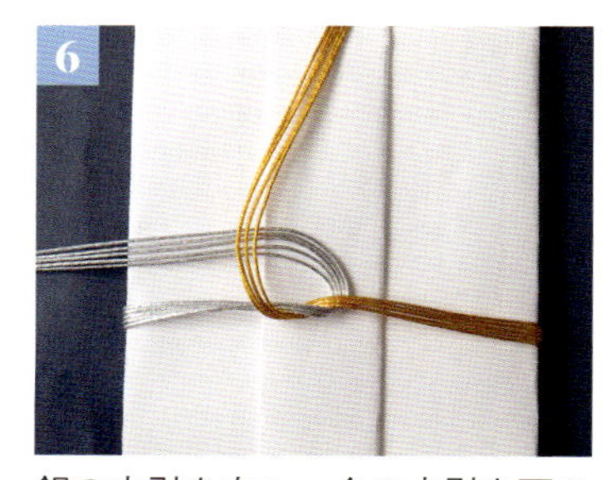

銀の水引を左へ、金の水引を下から銀の上にのせる。

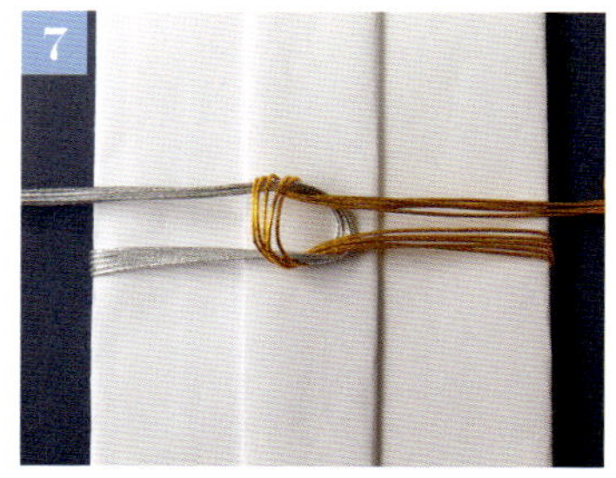

金の水引を銀の下から中央にできた輪に通して締め、左に輪ができる結び切りをする。

裏返したところ。上（天）が下（地）をおおう。

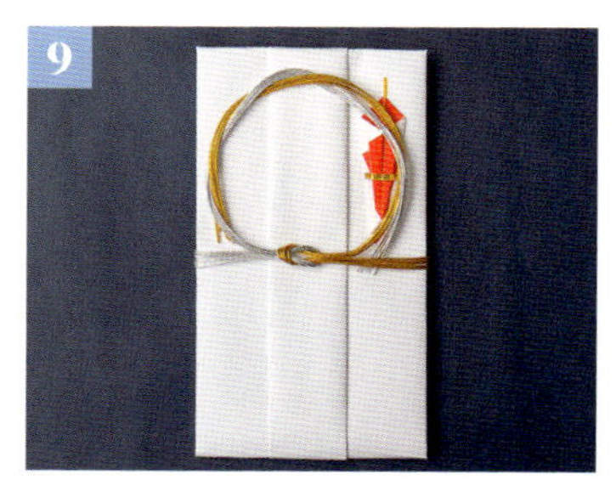

残った水引を上で交差させ、円の形（日の出）にからめ、余分な水引は切る。雄熨斗をボンドで留めて完成。

熨斗付き祝儀包み

折り返す位置を変えれば、熨斗の大きさも変わります。

【材料】
檀紙（約53×39cm）
揉紙（赤／10×10cm）

水引
金銀水引／75cmの7本付け

1

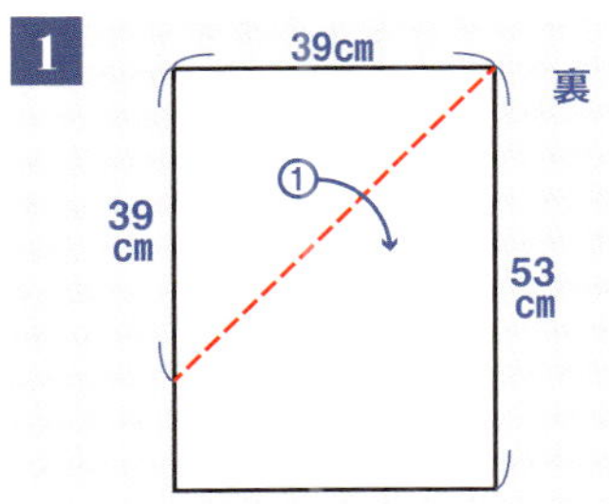

左上から三角形に折る。

2

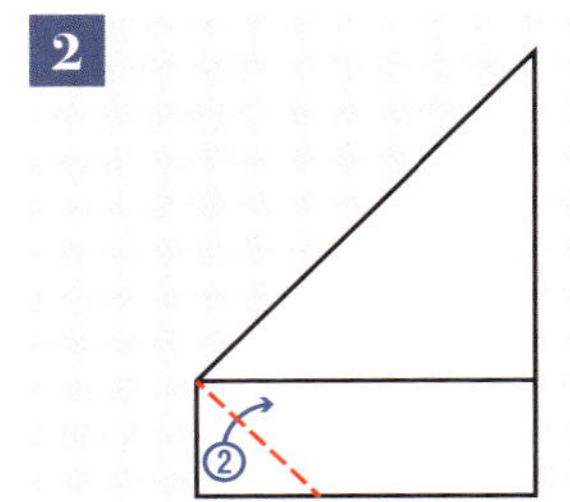

1で折った三角形に合わせて、左下からつき合わせになるように、三角形に折る。

3

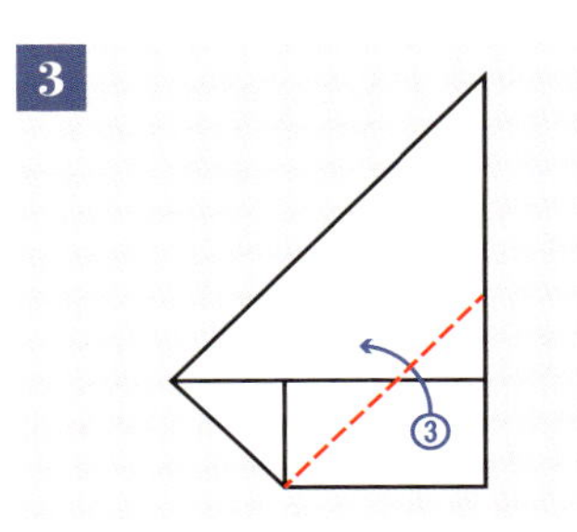

さらに、2で折った三角形に合わせて、右下から三角形に折る。

4

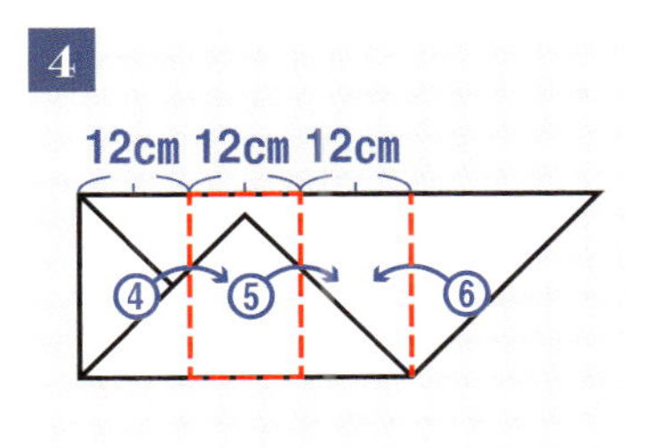

ヨコにして、左端から12cmの位置で2回折る。次に残りの三角形を、左へ折る。

5

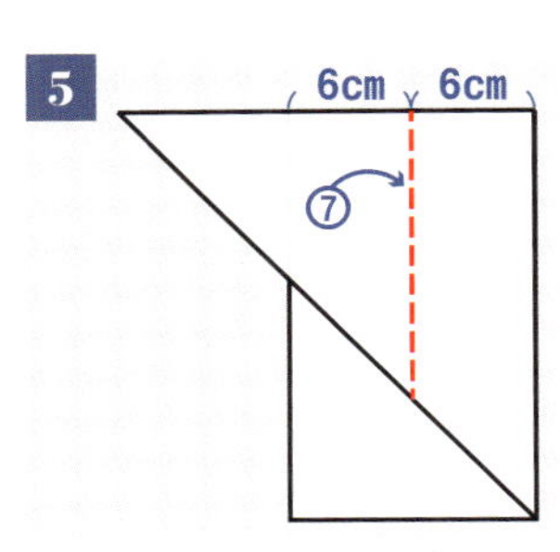

右端から6cmの位置で折る。

6

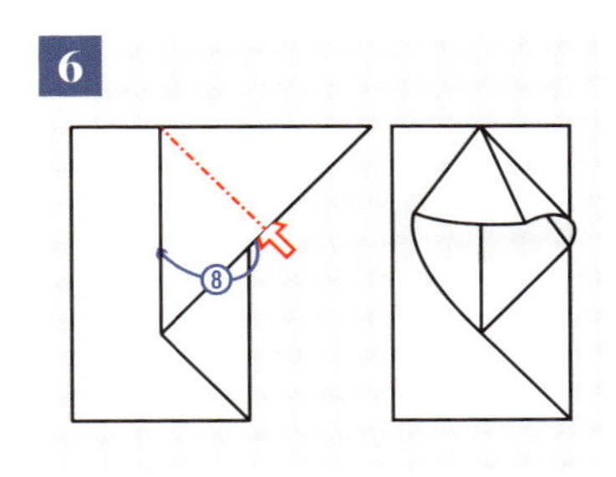

三角形の内側を広げて折る。

7

赤の揉紙を、6でできた四角と同じ大きさに切り、上にのせる（貼り付けずに重ねるだけ）。

8

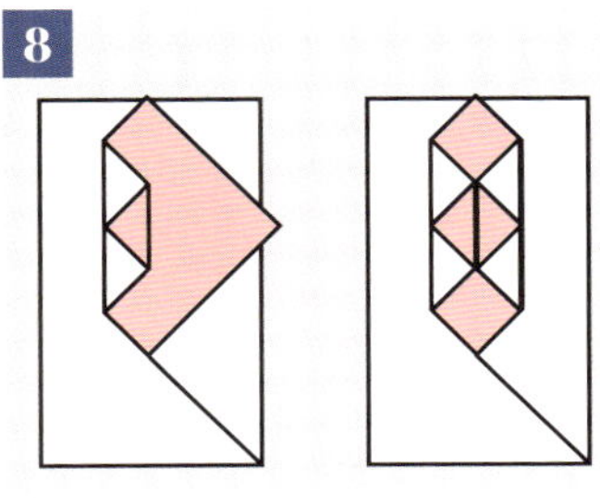

左右とも、中心に向かって折り、そのまま折り返す。

9

8でできた祝儀包みに、p.85と同様に、あわび結び（p.9）をして完成。

正式不祝儀包み

折形も水引の結び方も、吉とは逆になります。

【材料】
檀紙（約53×39㎝）
銀紙（2×1㎝／1枚）

水引
銀／75㎝×5筋

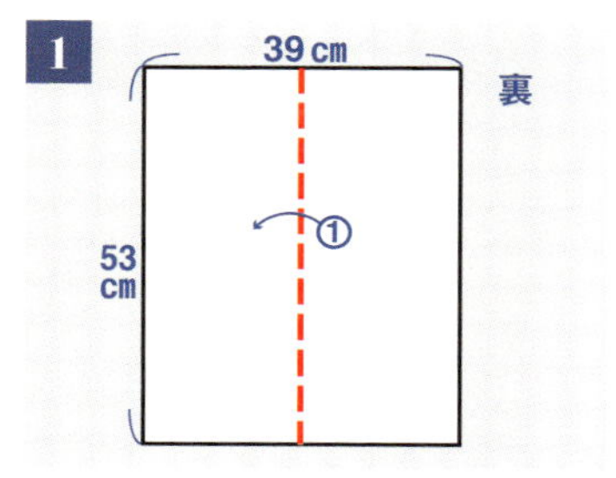

右から左へ、左端に2㎜残して半分に折る。

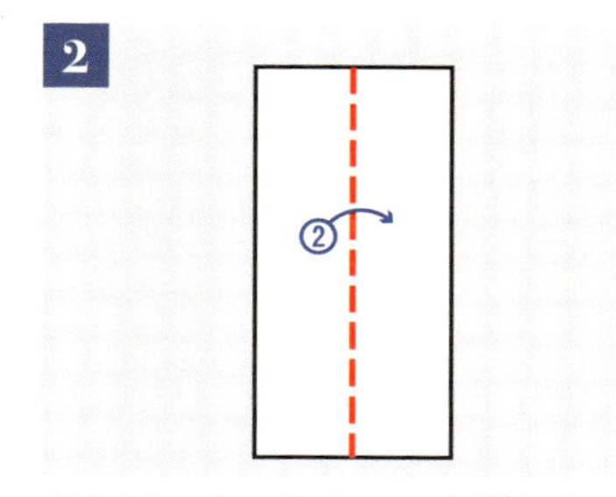

さらに、左から右へ、右端に2㎜残して半分に折る。

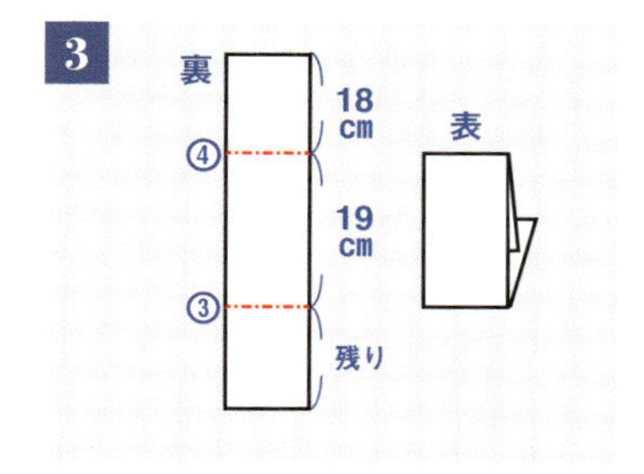

裏返して、上から37㎝の位置③で下から折る。次に上から18㎝の位置④で折る。

銀の水引75㎝ 5筋の中央に、銀紙を巻き、平らにそろえて不祝儀包みにかけ、しっかり折る。

左を下に、右を上に十字にクロスさせる。

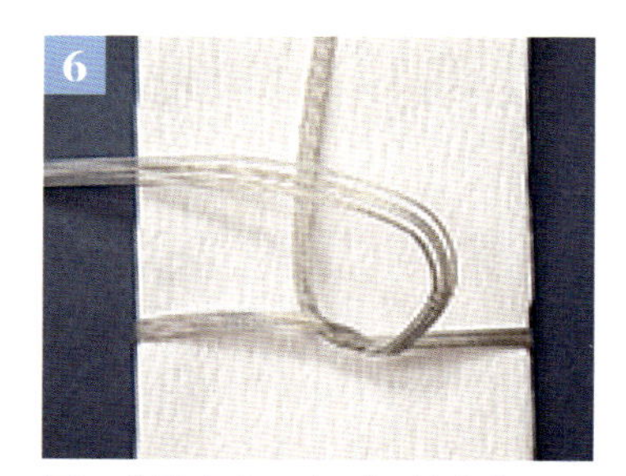

下の水引を上に上げ、輪を作る。

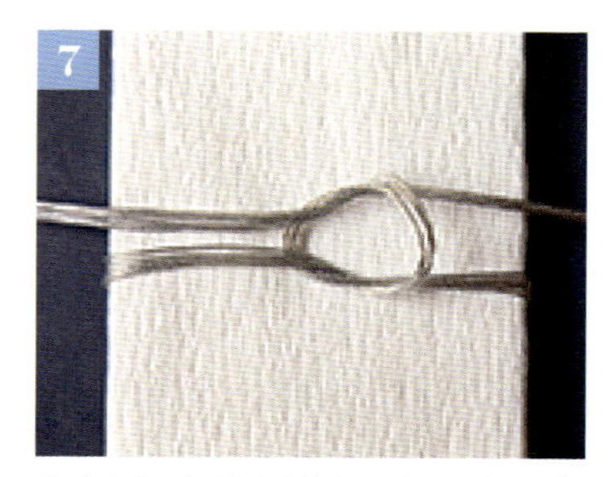

6で上にある水引を、輪の中に入れて結ぶ。

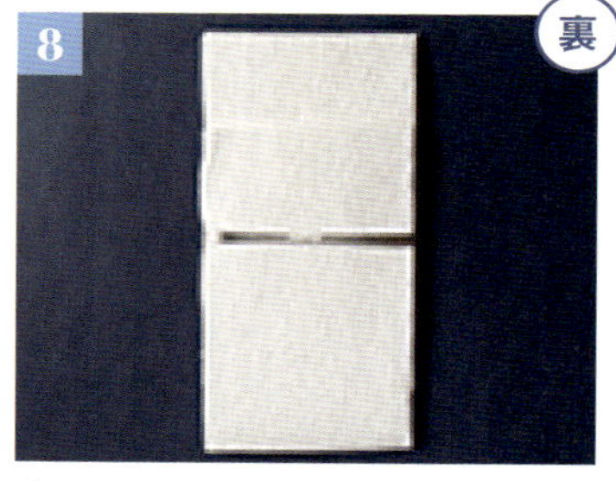

裏返したところ。下（地）が上（天）をおおう。

水引を下向きにして、余分な水引を切って完成。

不祝儀包み

7筋は難易度が少し上がりますが、丁寧に。

【材料】
檀紙（約53×39cm）
銀紙（2×1cm／1枚）

水引
銀／75cm×7筋

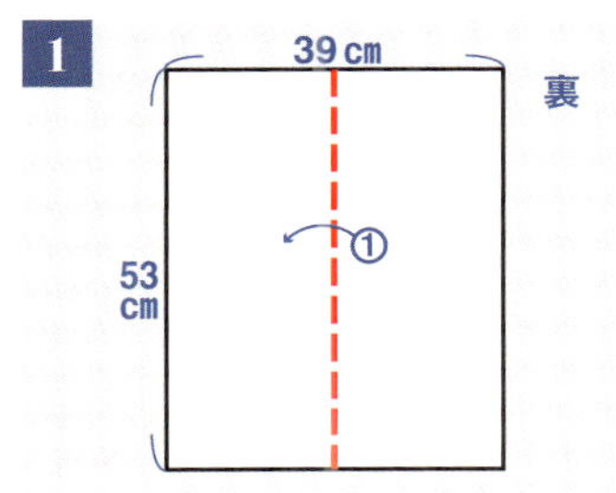

右から左へ、左端に2mm残して半分に折る。

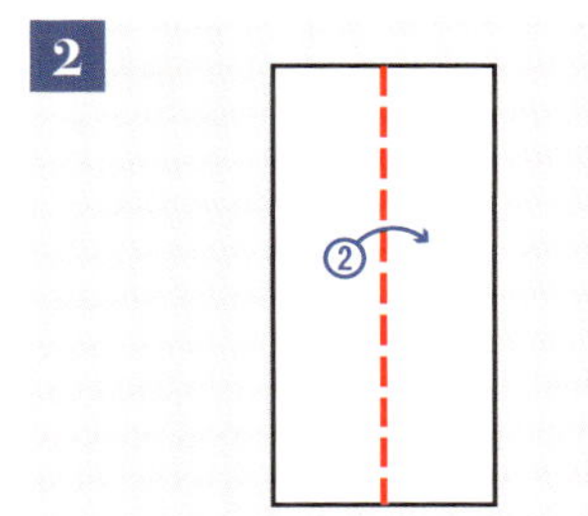

さらに、左から右へ、右端に2mm残して半分に折る。

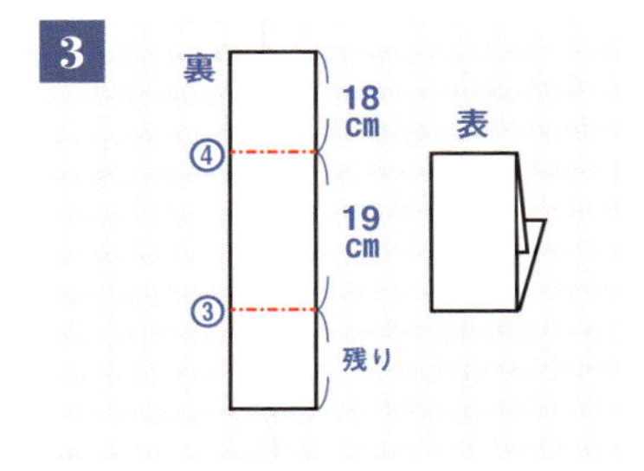

裏返して、上から37cmの位置③で下から折る。次に上から18cmの位置④で折る。

銀の水引75cm 7筋の中央に、銀紙を巻き、平らにそろえて祝儀包みにかける。

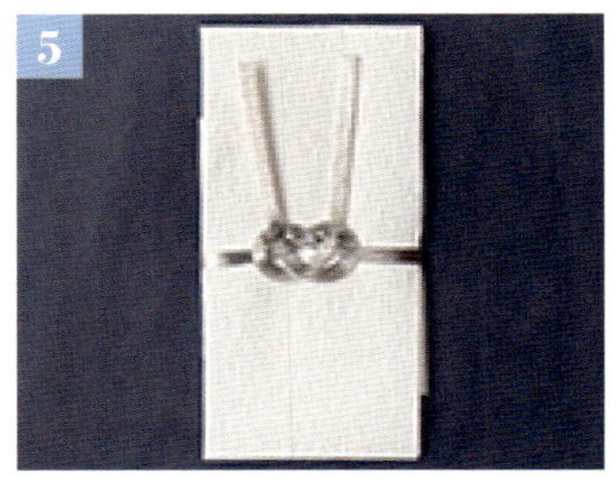

p.85と同様に、あわび結び（p.9）をして完成。

トリビアFile No.5

祝儀不祝儀のしきたり

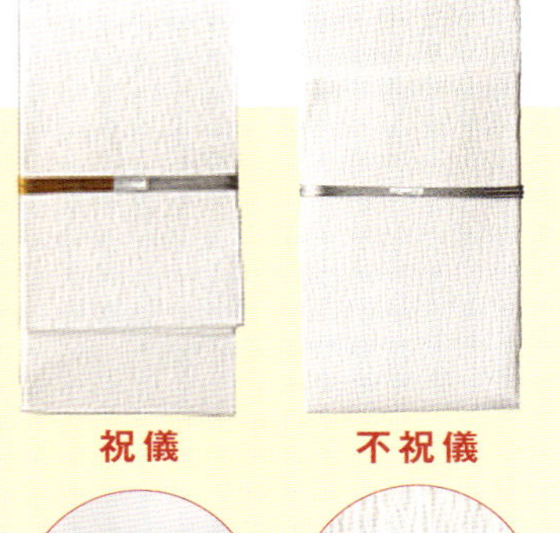

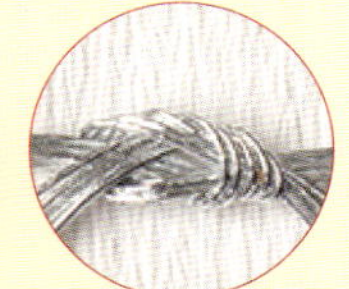

祝儀　不祝儀

折形は、伝統的な和紙の大きさや厚みに合わせて折るものです。また、祝儀包みで、端をすこし残して折ることをつつましく「ひかえる」といい、不祝儀ではかぶせることを「ふせる」といいます。

結び目や裏側のふせ方は、祝儀不祝儀では逆となります。祝儀では、天を地の上にのせ、不祝儀では地が天をおおいます。現在、向きを逆にしたものが多いですが、本来の意味からも伝統を守っていきたいものです。また、お札の向きも祝儀不祝儀では逆になります。祝儀ではお札の表、肖像画の顔が上にくるように入れます。不祝儀ではお札の裏を上にして入れ、顔が下となるのです。

鶴のお年玉袋

心付けとしてお使いになられても。

【材料】
揉紙（オレンジに金振り／20×20㎝）

1

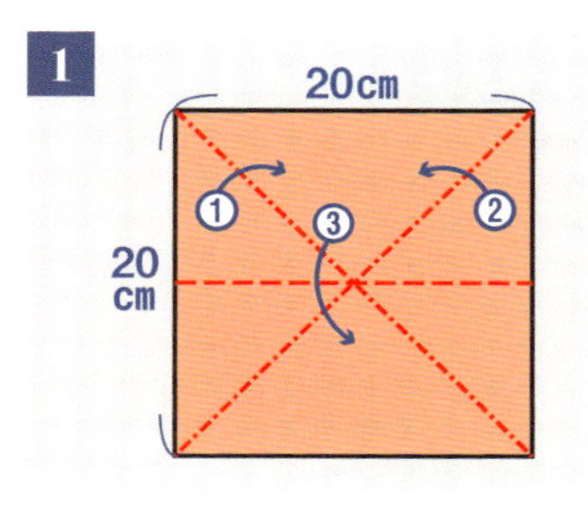

20㎝の正方形の紙を外表にする。対角線に折り目をつけ、中表にして半分に折り目をつける。

2

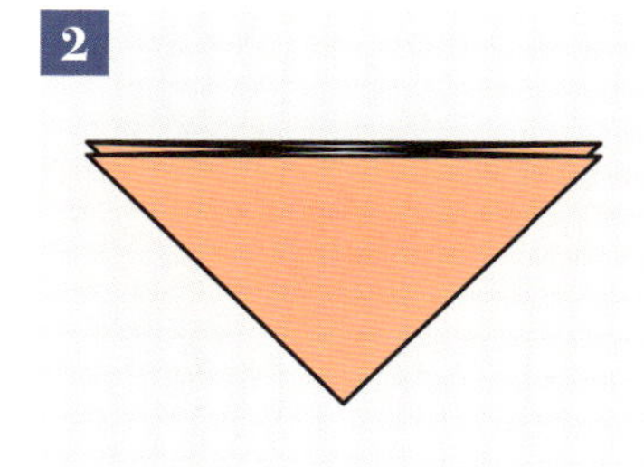

1から「二重三角」を作る。

3

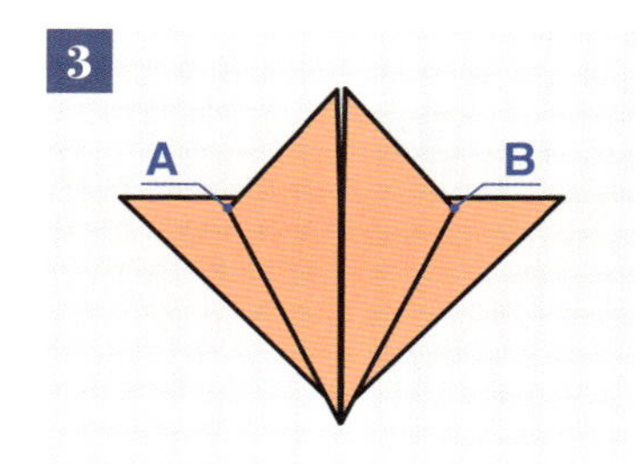

中心に合わせて、左右ともに三角に折る。

4

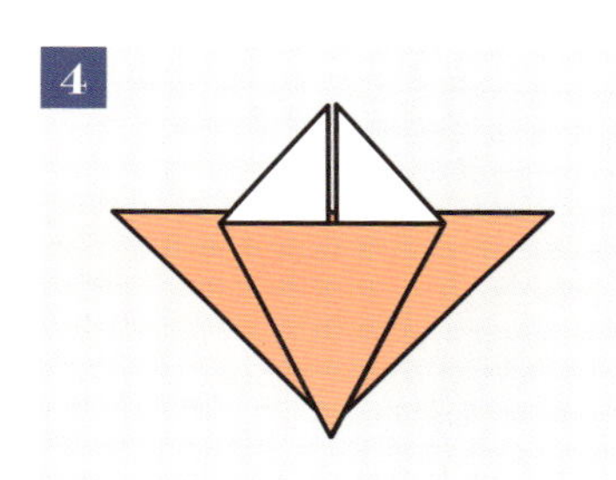

3で折ったところを一度元に戻して、AとBを内側に入れ、上のような形にする。

5

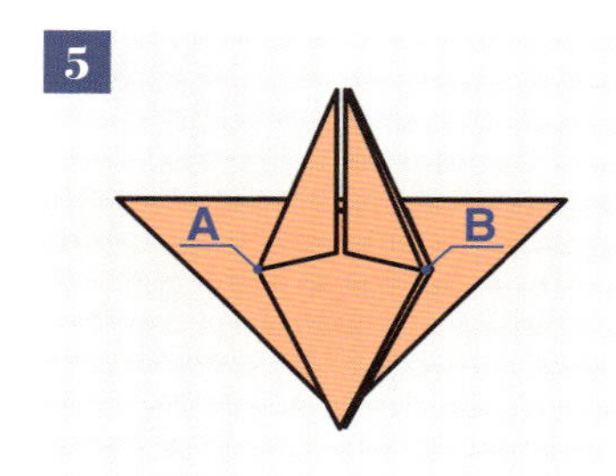

中心に合わせて、左右ともに三角に折る。裏側は後ろ側に折る。

6

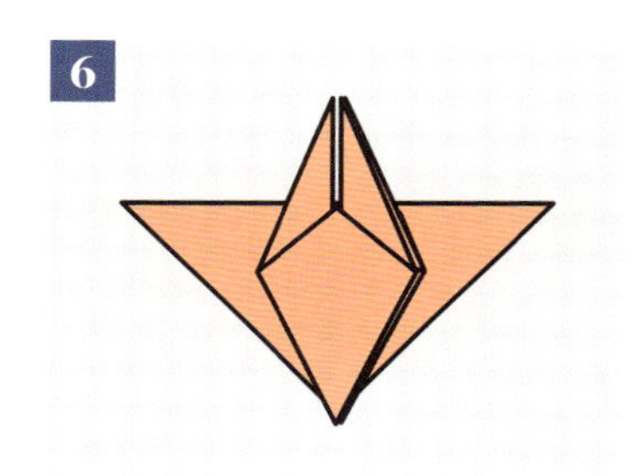

5で折ったところを一度元に戻して、AとBを内側に入れ、上のような形にする。

7

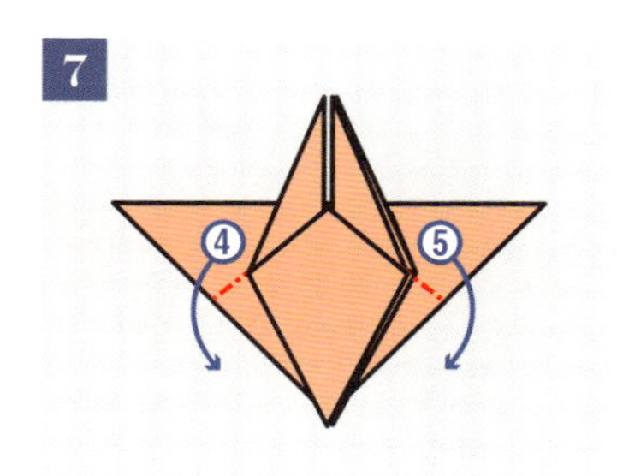

上の三角2つを内側に折り込んで、ひし形を作る。

8

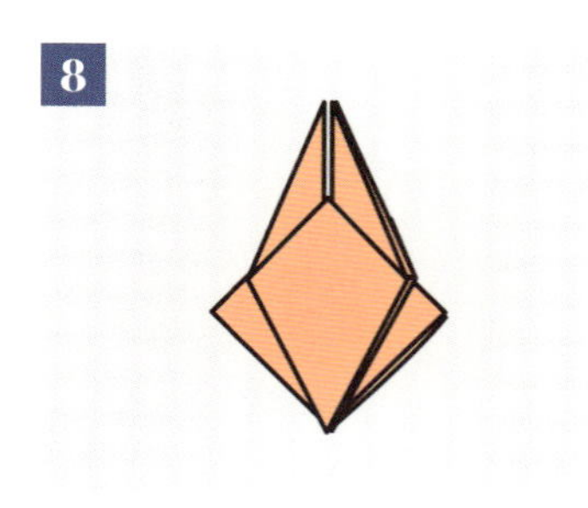

ひし形になったところ。

9

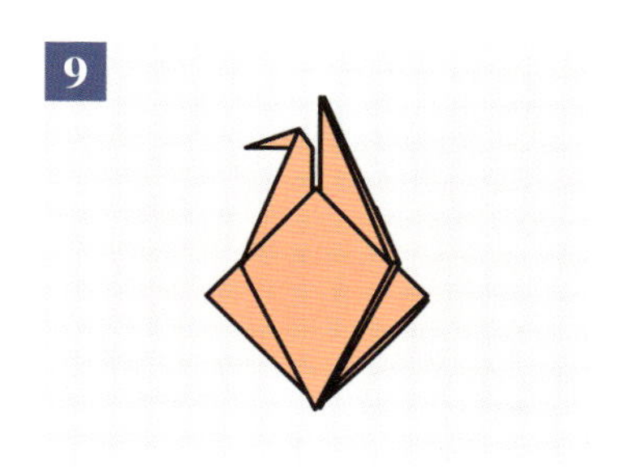

首を曲げて完成。

◉写真でおさらい

1 対角線に山折りし、それを半分に谷折りする。

2 「二重三角」を作る。

3 センターに合わせて、三角に折り、内側に折り込んだところ。

4 右側も元に戻して、内側に折り込む。

5 左右とも折り込んだところ。

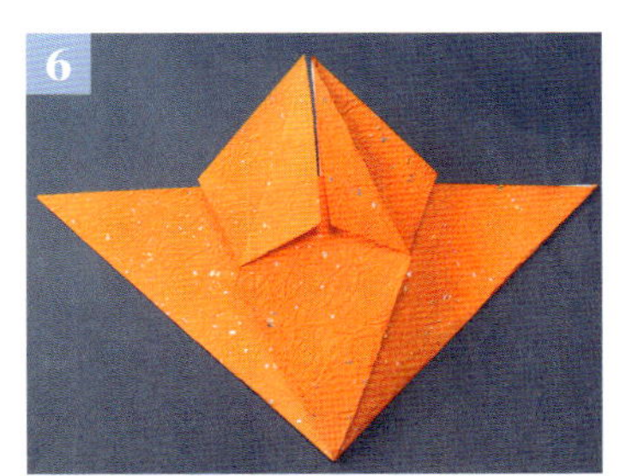

6 センターに合わせて、左右ともに三角に折る。

7 裏側も同様に折る。

8 7で折ったところを一度元に戻す。

9 内側に折り込む。

10 折り込んだところ。

11 裏側も同様に折り込む。

12 後ろでひし形を作り、首を曲げて完成。

こまのお年玉袋

子どもも喜ぶ、お正月らしいデザイン。

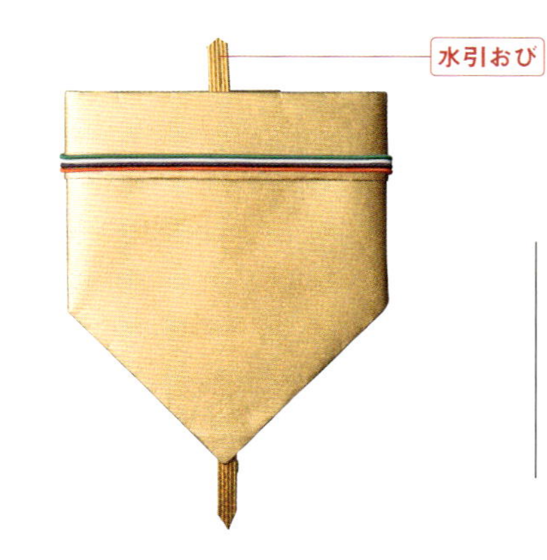

【材料】
金の紙（27×19.5㎝）
水引
4色／各30㎝×1筋
金／15㎝×5筋

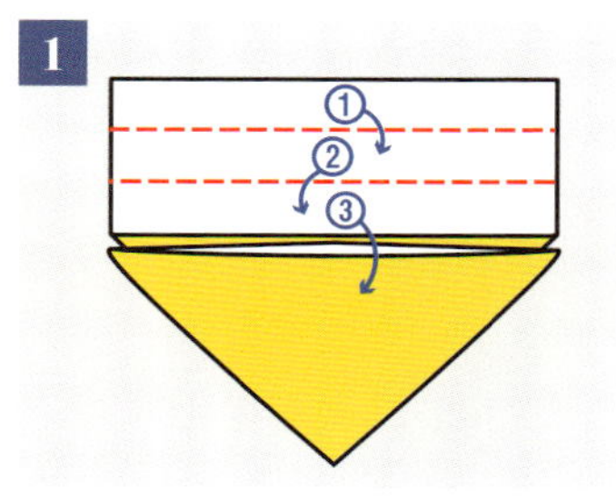

紙の下部分で「二重三角」を作る。余った上部分を三つ折りにする。

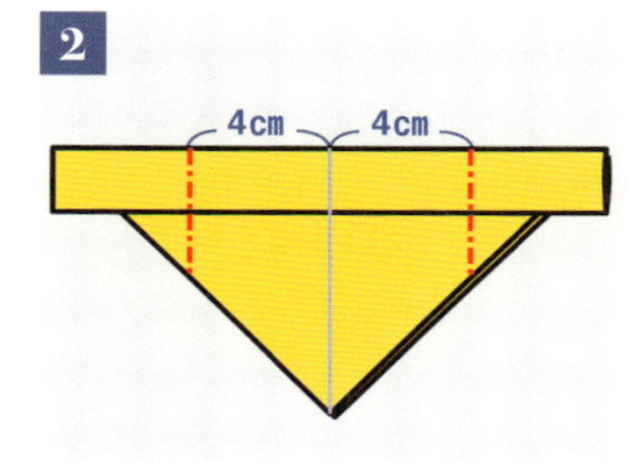

左右ともに、中心から4㎝のところで後ろ側に折る。

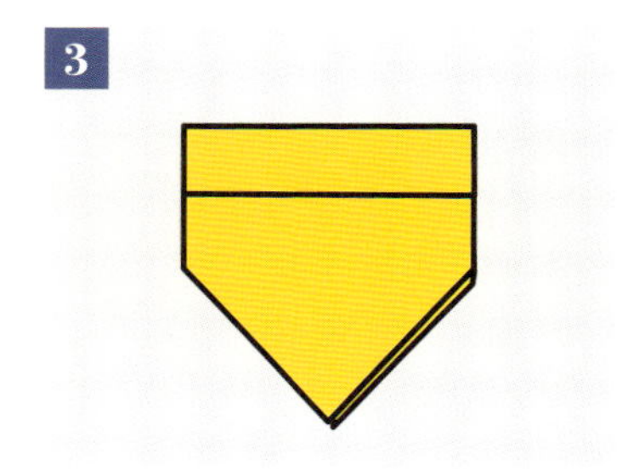

こまの形が完成。

◉写真でおさらい

紙の下部分で「二重三角」を作る。

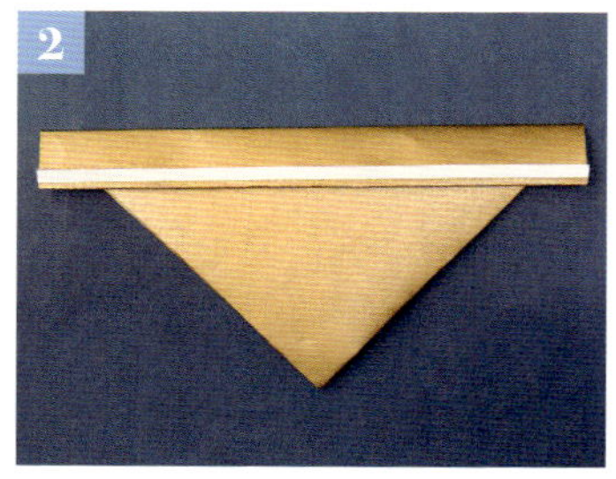

余った上部分を三つ折りにする。上のように、両面テープを貼る。

裏の中心にも両面テープを貼る。

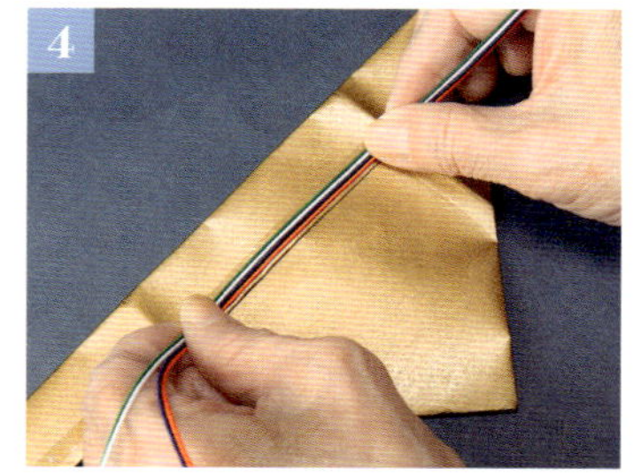

2の両面テープをはがして、その上に4色の水引をつける。

左右ともに、中心から4㎝のところで折る。

中心の両面テープもはがし、15㎝5筋の金の水引おび（p.24）を貼る。先をとがらせるように切って完成。

心付け

シンプルなデザインに水引が映えます！

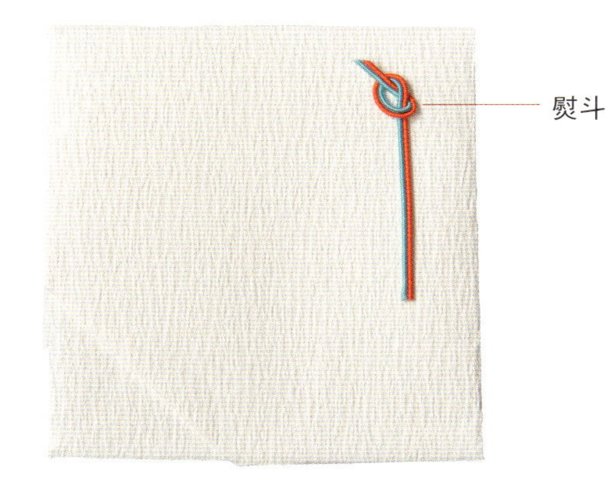

【材料】
新檀紙（27×19.5cm）
水引
赤／10cm×1筋
水色／10cm×1筋

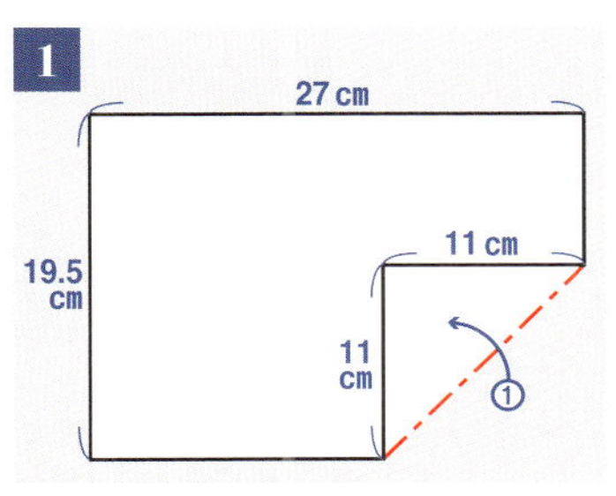

右下を11cmの位置で折って、三角形を作る。

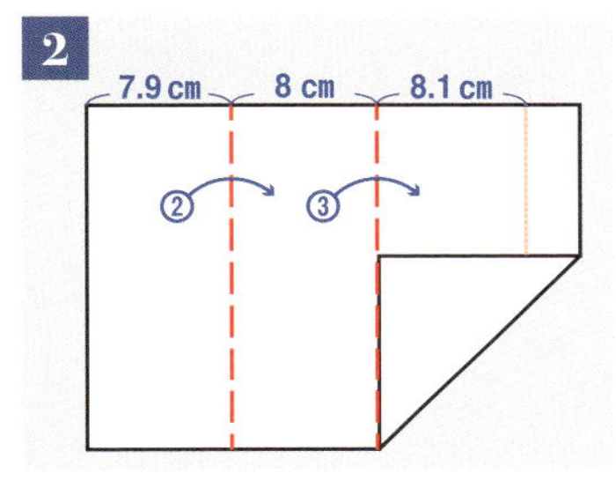

左端から7.9cm、8cmの順に折る。

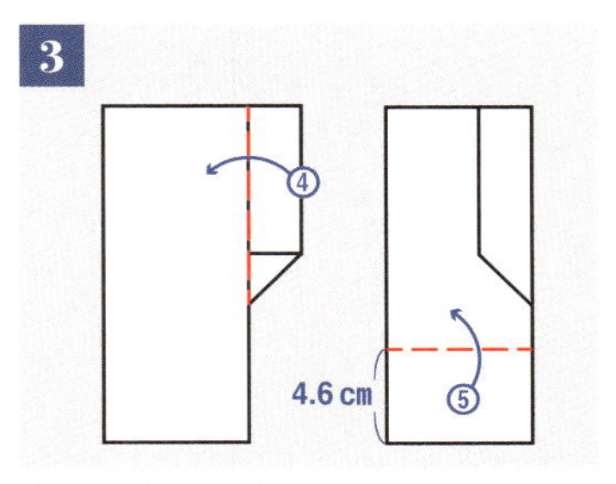

余った部分を折り返して、下から4.6cmの位置で折る。

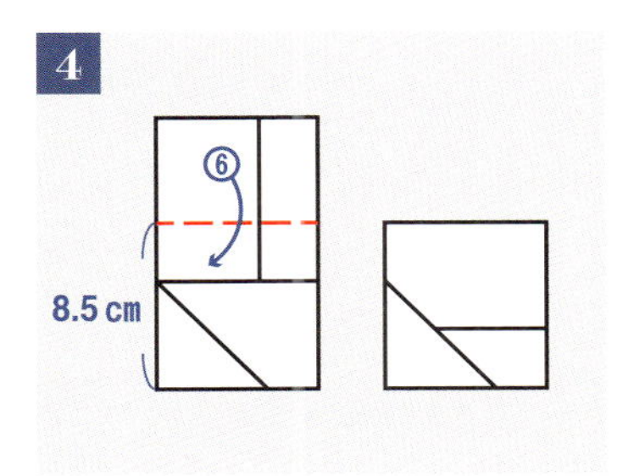

3からさらに8.5cmの位置で折って、上の部分は左下の三角部分に折り込む。

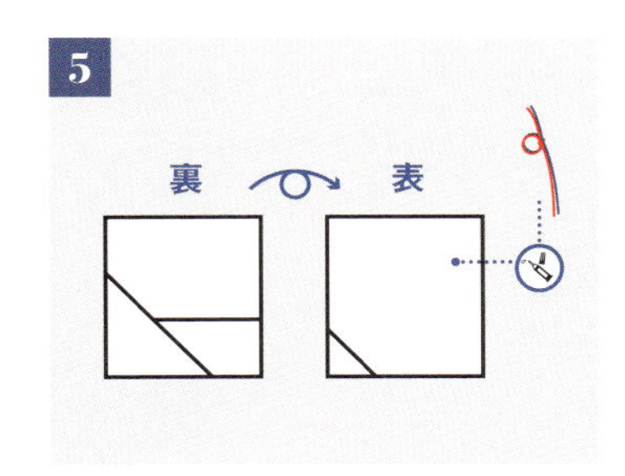

表に戻し、赤と水色（お好みの色で）の水引2筋の熨斗をボンドで貼り付けて完成。

◉写真でおさらい

右下を11cmの位置で折って三角形を作る。左端から7.9cmの位置で折る。

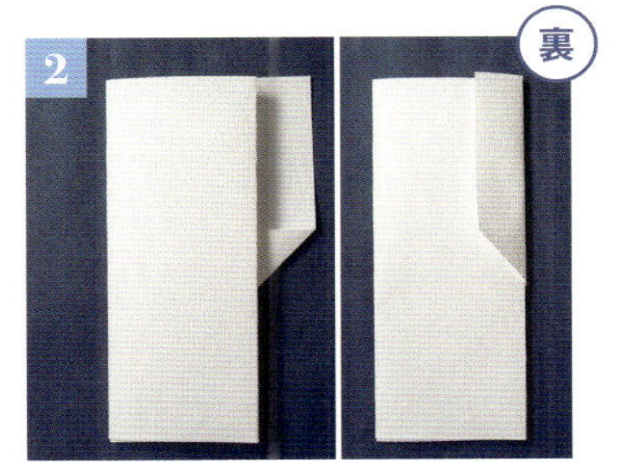

さらに8cmの位置で折って、残りを折り返す。

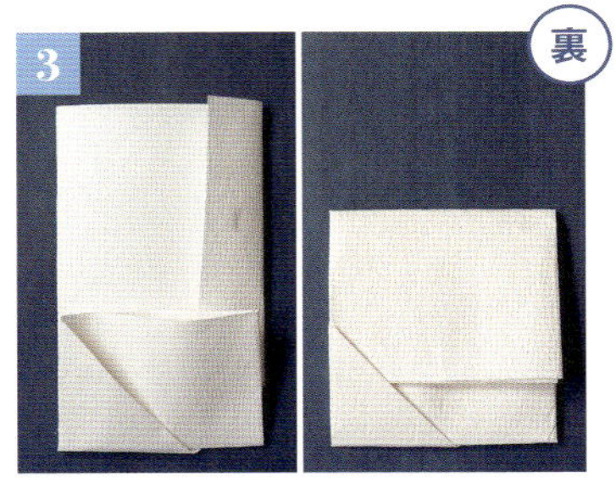

下から4.6cm、そこから8.5cmの位置で折って、上の部分は左下の三角部分に入れ込む。

表に戻し、赤と水色の水引2筋の熨斗をボンドで貼り付け完成。

Q&Aで解決！

水引のきほん 相談室

はじめて水引の作品作りに取り組む、悩めるあなたの素朴な疑問に、「水引のきほん相談室」がズバリお答えします！

Q1 あわび結びとあわじ結び、どっちが正しいの？

元禄時代に刊行された『包結記（ほうけつき）』には、「あわび結び」と書かれています。後世に、音が似ている「あわじ（淡路）」に変化したといわれています。あわび（鮑）は、延命という意味を持つ縁起物でもあり、本書では本来の呼び方である「あわび結び」としています。

Q2 余った水引の利用法は？

練習用にしたり、小さなあわび結びや梅結び、蝶結びなどを作ってプレゼントの飾りにしたり。白封筒に貼れば、お月謝袋やちょっとしたお祝いにも喜ばれます。

また、松を小さく作って、メッセージカードに貼ったり、フォトスタンドの飾りやフォトクリップにしたり、自由にアレンジをお楽しみください。右は、抜き梅の中央に玉結びを貼ったものです。

Q3 美しい作品作りのコツは？

ひとつひとつの結びを丁寧に、輪に通すときは水引の先をそろえてから通し、きちんと内側の根元から一筋一筋、水引を引いていきましょう。自然ときれいな形になります。いじり過ぎないこと、基本に忠実なことが大事です。

また、作っている途中で、必要なところだけ軽く１回しごきましょう。しごき過ぎると、クセがついて結びにくくなります。まっすぐの部分は、しごかないようにします。

Q4 雄熨斗、雌熨斗を作るコツは？

『包結記』など、むかしの本には、サイズの記載はありませんでした。サイズのない部分は、図を見て仕上がりをイメージしながら作ります。手の感覚を大事にしましょう。また、祝儀包みは和紙のサイズが基本で、A4など洋紙サイズはおすすめしません。

Q5 上達のコツは？

投げださないで、あきらめずにコツコツと取り組んでみてください。何事もそうですが、水引も積み重ねが大事です。毎日、少しの時間でも、さわっていると、上達が早くなります。できるだけ間を空けずに、続けてみてください。また、本に載っている作品をよく見るのも、勉強になります。

Q6 水引の保管方法は？

水引は、一度折れたり曲がったりしてクセがつくと、元に戻らず扱いづらくなります。できるだけ、まっすぐなままヨコにして、引き出しや紙筒などにしまいましょう。タテにして保管すると、水引の曲がりの原因となります。

Q7 作品はどのくらいもちますか？

水引はしっかりした素材で丈夫なものです。たとえば、正月飾りなど、室内であれば何年でも飾って楽しめます。なかには、10年以上、大事に飾っている方もいらっしゃいます。

また、作品をきれいに保つには、竹の葉の切り口や梅の枝の先、かえるの前脚など、ほつれやすい水引の先は、ボンドをごく少量つけておきましょう。

高田雪洋（たかだ・せつよう）

水引折形工芸作家、萌花の会代表。幼少より手工芸に親しみ、日本刺繍、竹工芸、手まりなどにも精通。水引作家の関島雪水先生、小笠原流水引折形の太田鶴舞斎家元に師事。その後、独自に水引折形作品を追求し、「伝統工芸萌花（萌花の会）」を設立し指導にあたる。日本手工芸指導協会師範資格取得、雅号を雪洋とする。ヨーロッパでのジャパンウィークに出展のほか、都内画廊、各地の百貨店などで作品展を多数開催。著書に『水引折形作品集』。

協力／萌花の会
浅見幸子、飯田幸代、柄澤恵美子、桑山美佐子、
佐藤節子、椎木彰子、諏訪部真理、平井陽子、山口葉子
手まり協力／石橋嬉子

材料協力／株式会社さん・おいけ
TEL：0774-45-2971　FAX：0774-46-1352
［オンラインショップ］https://kisuu.kyoto/

装丁・本文デザイン／宮巻 麗
「基本の結び」図版作成／ヤマキミドリ
モデル／ Saki Takada
撮影／大見謝星斗（株式会社世界文化ホールディングス）
編集担当／土肥由美子（株式会社世界文化社）
編集協力／ 303BOOKS 株式会社
校正／株式会社ヴェリタ、星野智子

結ぶ・編む。基本がひとめでわかる。
水引のきほん帖

発行日　2025 年 3 月 30 日　初版第 1 刷発行

著者　高田雪洋
発行人　岸 達朗
発売　株式会社世界文化社
〒 102-8187　東京都千代田区九段北 4-2-29
電話　03-3262-5124（編集部）
03-3262-5115（販売部）
印刷・製本　株式会社リーブルテック

ISBN 978-4-418-25210-7

※本書は 2020 年刊行の『水引のきほん』の改訂版となります。